MATSUSHITA LEADERSHIP

幸之助論

ジョン・P・コッター＝著
金井壽宏＝監訳　高橋 啓＝訳

ダイヤモンド社

MATSUSHITA LEADERSHIP:
Lessons from the 20th Century's Most Remarkable Entrepreneur
By John P. Kotter

Japanese translation rights arranged with
The Free Press, a division of Simon & Schuster, Inc.
through Japan UNI Agency, Inc., Tokyo.

幸之助が5年で離れなくてはならなかった和佐村の生家跡。生家の目印として事業成功後も残りつづけた一本松は1966年に落雷で焼失した。

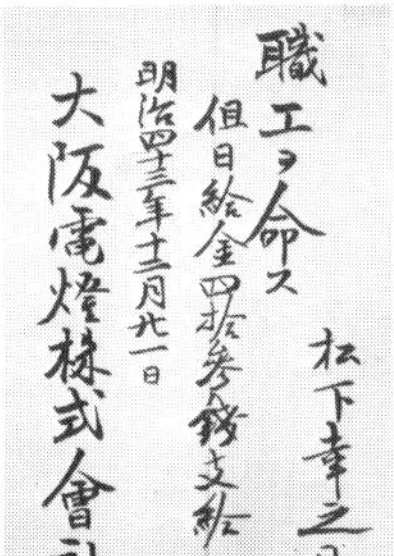

松下幸之助
職工ヲ命ス
但日給金四拾参銭支給
明治四十三年十一月廿一日
大阪電燈株式會社

1910年大阪電燈時代の辞令。15歳で日給43銭は、当時はかなり高給だった。

大阪電燈株式会社の営業事務所の前に並ぶ同僚と幸之助（後列中央）。この時すでに、むめのと見合い結婚していた(1916年)。

裸一貫で独立して数年後の記念写真。後列左から、幸之助、戦後三洋電機を創業する義弟の井植歳男、妻むめの（1918 年）。

幸之助と長女幸子。この写真を撮った 1927 年、長男幸一が幼くして病死した。

1924 年に再開した東京出張所の従業員。左から 2 番目が砲弾型ランプ製造を担当した宮本源太郎。

試供品1万個を配布した大ヒット商品「ナショナル・ランプ」のほうろう製看板。商標ナショナルの誕生を告げる商品でもあった。

「ナショナル電気コタツ」のポスター（1931年）。日本で最初にサーモスタット制御を取り入れた家電製品。白タイツをはいた洋装のモダンな少女と、畳にフトンの組合せが時代を感じさせる。

1933年当時の松下電器門真工場。この年、従業員1000人を超える大企業を事業部制によって分割した。

1934年に開所された「店員養成所」は3年間で標準的な高等学校教育と社の職業訓練を履修できるようになっていた。

松下電器製作所代理店の一つ、川辺電器硝子商店の店頭。居並ぶのは少年自転車配達部隊(1935 年頃)。

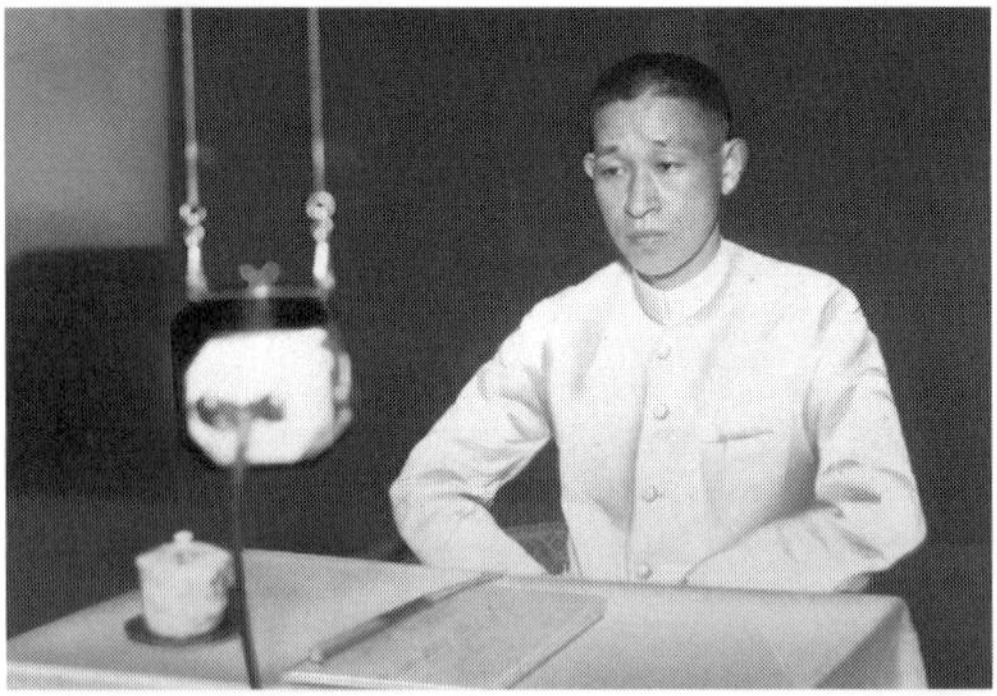

NHK のラジオ放送で事業戦略について語る幸之助 (1936 年)。

戦時体制への貢献によって勲章を授かった幸之助。背後には、社主名の戦時スローガンも見える（1943年）。

京都嵐山での夫妻。戦時下とは思えない穏やかな光景（1941年）。

1946年、PHP研究所創立にあたって挨拶する幸之助と雑誌『PHP』の創刊号。室生犀星や秋田實も寄稿した。

松下産業労働組合設立書類に調印する幸之助。労働運動高潮期に、松下電器の労使は異色の協調を実現した（1946年）。

制限会社の指定が解けて間もなく、アメリカ視察に日本を発つ幸之助(1951年)。

1952年、オランダのフィリップスで技術提携の契約書に署名する幸之助。合弁会社は松下電子工業として出発し、グループの中核企業に成長する。

1952年、真空管式白黒テレビを発売。いち早くテレビ市場に参入する。
このテレビは当時で29万円もした。

1964年、アメリカの『ライフ』の取材で自社製品とともに撮影。この取材に先立つ5年前、戦後初の海外販売会社であるアメリカ松下電器を設立し、以後次々と海外販売拠点を築く。

1962年、幸之助の肖像画がアメリカの『タイム』2月23日号の表紙を飾り、5ページにわたって幸之助の経歴、思想などが詳しく紹介された。肖像画は芸術院会員の堅山南風画伯の筆による。

1961年の会長就任に併せ、PHP研究の拠点として京都東山山麓に築いた真々庵の茶室にて（1963年）。

真々庵の問答室でPHPの支援者を前に講話する幸之助（1965年）。

真々庵に自らが建立した「根源の社」に
参拝する幸之助（1965 年）。

1968 年の松下電器創業 50 周年記念式典。この年社員は一気に 5000 人近く増え、計5万人を超えた。

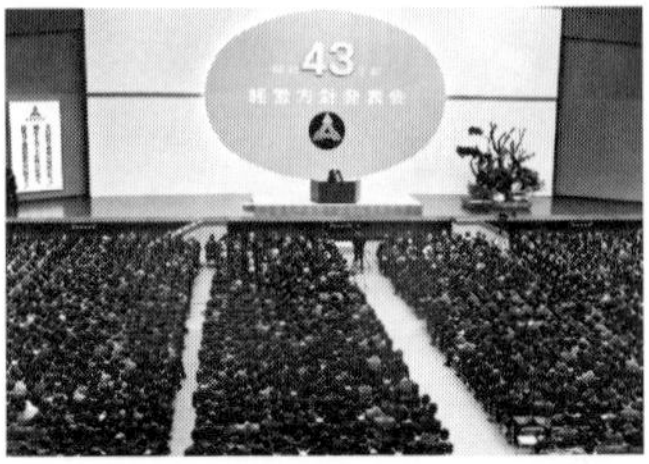

1979 年に中国を訪問、万里の長城に立つ。翌年、来日中の華国鋒首相と会談したのち再訪問し、北京で開催された松下総合電子技術交流会に出席。その間、鄧小平副首相とも会談した。

幸之助が創設した破格の賞金が授与される「日本国際賞」。その第2回授賞式（1986年）。

私財を投じて創設した松下政経塾の塾生とともに談話する幸之助。この写真を撮影した翌1989 年4月 27 日、94 歳で生涯の幕を閉じた。

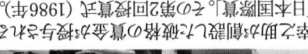

*MATSUSHITA Leadership*の復刊に寄せて――

苦難がリーダーを強くする

金井壽宏

ハーバード大学のリーダーシップ研究者による評伝

本書は、リーダーシップという面から人の成長を分析した伝記である。伝記といってもさまざまなスタイルがある。偉大な人物の波乱万丈の人生に触れても、教訓が押しつけがましかったり、教訓を引き出すのが難しかったりすれば、他人事《ひとごと》で終わってしまう。自分に引き寄せて身になる読み方ができる伝記とは、どのようなスタイルか。一つの実例が、この『幸之助論』である。

リーダーシップは、実例なしに学ぶことが難しい。ハーバード・ビジネススクールに代表されるケーススタディでいくら豊富な実例に触れても、経験してみなければ学べない部分が多い。それは、ヘンリー・ミンツバーグが警告したとおりである。経験と照らし合わせながら学ぶなら、身近に感じられる人物の実例のほうが親しみやすい。しかし、どうせ学ぶなら、偉大な人物から学びたいという気持ちがだれにでもあるはずだ。とはいえ、自分から、かけ離れた偉人から学ぶのは難しいと思われるだろう。しかし、見すごしてはならない点がある。つまり、どんなに偉大な人物でも、最初から偉大だったわけではないという点だ。

本書で描かれるのは、日本人ならだれもが知る経営者、松下幸之助である。彼の名は永遠に残るだろう。しかし、その人生は、最初から恵まれていたわけではない。むしろ悲惨であった。それでも幸之助は、苦境に負けず、逆境から学んだ。苦難を乗り越えるたびにそれをはね返す力(レジリアンス)をつけ、次の苦難にはより頑強かつ柔軟に取り組んだ。いくつもの逆境をくぐっていく間に自分の夢を組織の夢として浸透させ、さらに社会に奉仕する夢にまで高めた。幸之助個人を見ても、松下電器という会社を見ても、その成長のプロセスはけっしてきれいごとではすまなかった。

「私は、松下幸之助さんを心から尊敬するが、だからこそ、神格化しないでほしい。冴えない時は冴えない姿も知りたいし、それも描いてほしい。そのうえで、逆境を乗り越えた姿も見たい」。これは、三つの事業部長を兼務した松下電器OBの言葉である。伝記に書かれた人物を神格化している場合ではない。『幸之助論』から「学ぶ」ということを自分なりに読み解いていただきたい。

こういう人物とその会社の成長、それが埋め込まれた時代について、世界中のだれもが読める形で描く作業は、資料を読み込み、通訳なしに聞き取り調査ができる日本人でも難しい。この難行に取り組んだ著者の冒険は、着想から上梓まで実に七年を要している。アメリカの経営学者の目に松下幸之助はどのように映ったのか――松下電器産業が中村革命を通じて危機を乗り越え、蘇ったいまこそ、本書をひも解くにふさわしい。

経営センスのある組織行動論の泰斗コッター

ジョン・P・コッターは、マサチューセッツ工科大学とハーバード大学を卒業後、一九七二年から経営学の殿堂ハーバード・ビジネススクールで教鞭を執り、一九八〇年、三三歳という異例の若さで正教授に就任した同校の名物教授である。一九九〇年、コッターは松下幸之助記念講座リーダーシップ教授に就任したことで、二〇世紀を代表する企業家、松下幸之助に注目することになった。

リーダーシップを探究する経営学者が松下幸之助に出会うことは、「偶然」とは言い切れない。欧米型経営の限界を探ろうとした一九八〇年代の日本的経営のブームとは関係なく、欧米型のリーダーシップ論では足りない何かを探ろうとしていたコッターと松下幸之助との出会いは、偶然というより、むしろ必然だった。こうして、Matsushitaという冠のチェア(アメリカの大学において、寄贈者からの講座寄付金で運営が支援される教授のポスト)に就く研究者が、その名の人物の評伝を、組織行動、リーダーシップ論の視点で描いたのが本書である。

コッターはこれまでに、『リーダーシップ論』(ダイヤモンド社)、『企業変革力』(日経BP社)、『パワーと影響力』(ダイヤモンド社)など、リーダーシップや組織行動について多くのベストセラーを生み出してきた。本書を読むにあたっては、経営学における組織行動論とコッターの研究を知ることが予備知識になるので簡単に説明しよう。

リーダーシップは一朝一夕に身につくものではない。長い仕事生活、つまりキャリアのなかでの「一皮むけるような経験」から獲得される。それは、徐々に身につくこともあるが、通常は大きな経験をくぐることで飛躍的に伸びる。経営トップに近づく頃には、リーダーシップの役割のなかに、組織全体を方向づけたり変革したりといった行動が含まれるようになる。組織文化を創り出し、あるいは環境が変化してその文化が不都合になったら、それを改変するのもトップのリーダーシップ行動だ。このように、経営学における組織行動論では、モチベーションやリーダーシップを中心に、組織のなかの人間行動や組織変革、組織文化などを扱ってきた。

ところが従来の研究は、組織のなかの個人を中心とするミクロの人間行動への着眼に終始し、組織全体としての環境への適応や大変革を扱わないという批判があった。この点、コッターは、ともすれば心理学に寄り添いすぎる組織行動論を経営学の本流に戻すべく努めてきた。

そのため、コッターのアプローチは、組織行動論としては厳密なものではないという批判もある。しかし、組織の問題に心理学を応用する点では一流であっても経営センスの乏しい組織行動論の学者が多いのも困った現状と言わざるをえない。かくいう私は心理学者ではないが、このような落とし穴に陥ることなく経営学の一分野として組織行動論に取り組み、一方で働く一人ひとり、それこそ新人にも役立つ理論を目指し、他方で、実際に経営を担う人材にも実践的だと喜ばれる理論を探求したいと考えている。そのためには、心理学ベースの組織行動論も経営センスを磨かねばなるまい。

その手本となるのが、コッターの研究である。厳密さに勝る実践性、理論と合わせた豊富な実例、経営の根幹に関わる組織現象を扱うという気迫がコッターの持ち味だ。今後、組織行動論の書籍を読む時は、この分野の研究者が次の三つに分類されることを覚えておいていただきたい。

①学問的には心理学を応用して厳密で優れているが、経営学としては少々ピントがずれている。

②例示が雄弁で、（特定の基礎学問に深く根づいているわけではないが）経営の実践に役立つ。

③学問的にも洗練されていて、実践的含意も深い。

ハーバート・サイモン、野中郁次郎教授など、第三の道を歩む学者もいるがまれである。読者のみなさんが組織行動論学者ではなく実務家であれば、①よりも②に触れることをお薦めする。コッターは、②のタイプの組織行動論学者で、実業界に大きな影響力を持つ重鎮の一人である。そのコッターが、松下幸之助という個人の生涯を丹念に調べ、描いた。コッターは、幸之助の生き方と、生きた時代の記述からは、経営学の縮図が見て取れると信じて、初めて人物評伝に取り組んだにちがいない。

コッターは本書を分析的伝記だという。リーダーシップ論に限らず、心理学を応用して特定の人物を研究する場合、パーソナリティ（持ち味）についてにせよ、リーダーシップ、またネットワークについてにせよ、概して二つの対照的なアプローチがある。パーソナリティを例に取ろう。一つは、大勢の人々のパーソナリティを調べて、そこから普遍的傾向を探る法則定立的《ノモセティック》方法である。もう一つは、特定の個人かごく少数の人の生涯を通じて、パーソナリティの形成過程とその発言を具体的に見る個性記述的《イディオグラフィック》方法と呼ばれる。組織行動論の主流は前者であり、実験や質問紙《サーベイ》法で仮説を検証して法則を見つけ出す実証科学に従事する。一方、コッターは、後者の観点から松下幸之助の個性を記述するなかに、経営の世界とリーダーシップの全貌を映し出した。

話をリーダーシップに戻そう。みなさんはリーダーシップ論に、普遍的だが無味乾燥で抽象的な理論を求めるだろうか。それとも、鮮明で強烈な個性が記述されているが、自分に当てはまるところのない一般的理論を求めるだろうか。おそらく、個性も何らかの教訓も知りたいはずだ。

コッターが、『幸之助論』で引き出した最大の教訓は「艱難《かんなん》汝を玉にす」に近い。「人は経験から学ぶ。それも、苦境を経験してこそ大きく一皮むける」というメッセージに凝縮される。丁稚《でっち》としての修業時代、起業した会社の成長期、造船にまで従事させられた戦時下の動乱期とそれに続く厳しい戦後の復興期、そして、ＰＨＰや松下政経塾など社会性、公共性を帯びた活動の時期に、経営者として、また人間としての幸之助の成長の道筋が見て取れる。

さらに、リーダーシップ開発という成長の軸から見ても、生まれつきの性格、幼児期の家庭、短い学校時代、丁稚からスタートする仕事上の経験、行動や発想上の特徴、置かれた状況や時代背景、その時々の経営課題・状況や会社の変革からは、「資質アプローチ→行動アプローチ→状況アプローチ」というリーダーシップ研究の発達の流れに沿うあらゆる要因が姿を現す。リーダーの生来の資質から効果的なリーダー行動へ、そして唯一最善のリーダー行動を探るアプローチから特定の行動が効果的になる状況を探るアプローチへと、リーダーシップ論は発展してきた。

こうしてコッターは、松下幸之助の個性と、彼の生きた時代に光を当てるなかで、経営とリーダーシップ像の全貌を浮かび上がらせ、貴重な教訓を見出したのだ。

三層を成す本書の主題

偉人は最初からそうなのではない。幸之助にしても、結果において偉業を成し遂げたからこそ凡人ではないのだ。だが、多くの人が証言するように、謙虚だったから広く共感を得たともいえる。病弱だったことさえ成功の理由にあげられるが、すべてをみずからの責任といって引き受ける努力家であった。並はずれた熱意を持ち、けっしてあきらめない。それを支えたのは野心と信念である。幼くして丁稚奉公に出て、人生の早い時期に肉親を失う悲しみに耐え、起業し、その会社を大きく育て、尊敬される事業家として国民的英雄となった経営者はほかにはいない。経験がリーダーをつくる。

コッターは松下幸之助を次の三層の視点でとらえ、これが幸之助の生涯にわたる成長をひも解くカギだと主張する。

①仕事の世界：公人としては、しばしば聖人のように振る舞う偉大な創業経営者。
②私生活の世界：時に声を荒らげ、毎晩不眠症に悩まされていた生活者（コッターは、幸之助の愛人の存在についても記している）。

③心の世界：①、②よりもっと深い面では、並の人間ではとうてい理解できないほどの信念から生じる感情が渦を巻く一個の生身の人間。ここでは幼少時からの精神的外傷《トラウマ》が主題となる。

取り上げた人物が、結果において偉大な人物だとしても、そこに至るプロセスと、その存在そのものを神格化しないのがコッター流である。日本人ではないからこそできたともいえよう。

第一層だけだと表面的すぎる。とはいえ、本書において記述が最も多いのはこの部分である。経営者の評伝ゆえ、公人としての側面が大きく取り上げられるのはいたし方ない。企業家にして優れた経営者を描くならば、通常まず仕事の世界における生の人物像が前面に出てくるものだ。

第二層は、身内に見せる幸之助の顔である。創業メンバーは仲間二人に自分と妻むめのとその弟井植《いうえ》歳男（三洋電機創業者）で、おのずとプライベートと仕事がオーバーラップする。エール大学のダニエル・レビンソンなど生涯発達の心理学者は、プライベートの面を仕事の世界以上に詳しく見ようとするが、通常の経営学ではその面をついつい見逃しがちだった。

第三層は幸之助の公私を統合しており、本書を秀逸と評価するポイントである。幸之助の人生にはいつも、悲しみと喜び、蹉跌と成功、不安と夢、恐怖と希望が拮抗しつつ同居していた。仕事の世界でも私生活においても、逆境に立つたびに大きな感情が湧き起こった。一つひとつの節目をくぐるたび、そこに感情が姿を現さないはずはない、とコッターは指摘する。

経営者とは、夢に満ちた熱い人物であるわけではなく、また理詰めで分析的な問題解決をする人でもない。積極的で論理的な面より、むしろ一見マイナスに見えてしまう、感情に彩られた機微が浮上してくる。そのような面について、コッターは第三の層まで描こうと意欲的に取り組んだ。経営学分野における実に有用な分析的伝記である。

読んでいて息苦しくなるほどの苦境が立て続けではあるが、それがかえって「成功よりも苦難が人間を強くする」という本書のテーマを随所で繰り返しライト・モチーフのように感じさせる。重苦しい箇所もすべて描かれていることには意味がある。

リーダーシップ開発論の視点

コッターはこれまで、リーダーシップを発揮できる人の属性と、それがどこから出てくるかを議論するために、次のような要因を挙げてきた。

〔リーダーシップの要件〕
・知識（業界、会社）
・周囲の人々との関係（業界、会社）
・評判とトラック・レコード（それまで成し遂げたこと）
・能力と技能

〔リーダーシップ習得の源泉〕
・生まれつき、遺伝子
・幼児期の経験、家庭環境、成育史
・学校時代の教育と課外の経験
・仕事上の経験

・個人的な価値観　　　　　　　　　　・会社の研修
・モチベーション（パーソナリティを含む）　・ＭＢＡやセミナーなど

ここで、事業経営責任者としてのリーダーシップの要件（上段）とリーダーシップ習得の源泉（下段）を、関連性を考えて線でつなげてみてほしい。「仕事上の経験」につながる線の数が多くなったのではないだろうか。ある調査によれば、リーダーシップを発揮するうえで有用な要因は、「仕事上の経験」が七〇％、「接した人からの薫陶」が二〇％、「研修」が一〇％である。仕事上の経験はその内容が重要であり、また経営陣、上司、先輩、顧客、取引先など、接した相手次第で九〇％になる場合もある。研修はわずか一〇％とはいえ、教室で学ぶこととみずからの経験がフィットした時は役立つことを示している。

これらの要因から浮かび上がってくるのは、リーダーシップを身につけるうえでの仕事上の経験の重要性である。生来明るく、コミュニケーションがうまい人はいても、特定の産業・会社での人脈や知識をはじめから備えていることなどない。ジャック・ウェルチの自叙伝には、幼い頃から母親が自分に自信を与えてくれたことが強調されている。それでもウェルチのリーダーシップ育成において、ゼネラル・エレクトリックにおける仕事上の経験ほどのインパクトはない。

大学時代の学問やクラブ・サークルは人格形成に大切かもしれないが、事業経営責任者としてのリーダーシップ習得に直結するわけではない。研修やＭＢＡ教育で突如リーダーシップが「一皮むける」こともまれである（ただし、現場の深刻な問題に適したケースなりフレームワークを知って自分の経験を内省すれば、実際に問題を解決できるようになる可能性はある）。

これらの試みから松下幸之助の成長について言えることは明快である。幸之助にとっては、仕事上の経験が何よりも重要だった。何しろ、九歳から丁稚奉公に出たのだから、仕事経験のスタートが早い。しかも、一日一六時間も働かされたというのだから、時間的ウエイトも非常に大きい。学校教育は尋常小学校の四年間だけだから、仕事場での経験、仕事で出会った人々からより多くのことを学習したはずだ。

生涯発達研究では、成人以降、つまり、二〇代になっても三〇代、四〇代、五〇代、さらに六〇代、七〇代になっても、人間が成長・発達することに注目する。幸之助の場合、二二歳で起業しているので、その一〇年以上前から、経営リーダーシップを育む旅が始まったことになる。

経験から持論を引き出す――経験学習の極意

松下幸之助に限らず、偉大な経営リーダーから何を学ぶかについて、研究理論を超えたところで自分なりの持論を確立するという視点も強調しておきたい。これについて、本書には二つの利点がある。一つは、幸之助自身が実践に使える「リーダーシップ持論」を有していたことだ。ここで言う持論とは、学者の理論ではなく、実践家が経験から確立させる理論であり、幸之助は、リーダーの条件や経営者の心得、経営理念や経営哲学について、明確な持論を持つ経営者だった。

もう一つは、コッターが、リーダーシップを身につける源泉は仕事上の経験にほかならないと考えていることである。繰り返すが、偉大なリーダーが最初から偉大だったわけではない。経験と成長を通じて偉大な人物になるのだという見方が、持論の構築を促進する。したがって、本書もただ鑑賞するように読むのでなく、自分の頭で考え、自分の置かれた場でリーダーシップを発揮するという自発的かつ実践的な関心に基づく態度で読んでほしい。

そして、自分なりのリーダーシップ持論を書いてみる。実践的な持論は学者の理論と両立するだろうが、それとは別に、自分の経験や観察の内省から生まれた持論を自分自身の言葉で表現するのだ。松下幸之助は持論の言語化に熱心な経営者の一人だった。一九五三年から一九九〇年までに自著を四六冊も上梓している。幸之助の著作は、社会について、経営について、リーダーシップについての持論であり、そこから我々は彼の経営哲学、事業観、社会観、人間観、宇宙観などを知ることができる。経営指南書としては、中村邦夫会長をはじめ、松下電器関係者の多くが『実践経営哲学』（ＰＨＰ）を挙げる。彼の持論を学び、ボキャブラリーを豊かにするには、『指導者の条件』（ＰＨＰ）が最適だろう。何よりも、幸之助の著作から我々が学ぶべきは、第一に、経験に基づき自分の頭で考えること、第二に、そのために先人の考えに触れること、そして第三に、自分の考えを言語化する時には自分の言葉で語ること、を大切にするという姿勢だろう。

幸之助がこれだけ大量の自著を著した動機はどこにあったのだろうか。後進育成という教育的使命感が執筆活動を支えていたのは確かであろう。他方で、十分な学校教育を受けられなかった自分が経験から多くのことを学んだことから、継続して自己を教育するために書いたという側面もあるように思われる。一九八〇年、八五歳で創設した松下政経塾では、塾生が自分の夢と将来の計画を発表した。自分が学び続けるためにも、他の人が学ぶのを助けるためにも、内省と対話に加えて、それを言葉にすることは大切だからだ。言語化によって持論を世に問うことは、経営者としてすでに不動の名声を築き上げていた幸之助が、なおも慢心せずに学び続けるために必要なことだったのであろう。

言語化された持論を放置せず、折に触れ、その元となった経験や、それを体現した言動について振り返ることも大切である。本書には、そのようなエピソードが満ち溢れている。こういうものがないと、持論の具体的な意味合いは伝わらない。その点でも、本書は秀逸である。たとえば、幸之助の持論に「感謝する」「仁慈の心」「人情の機微を知る」という言葉が挙げられる。幸之助独自の利益観——利益をあげているということは、社会に奉仕、貢献できている証であるという考え——も意義深い。

経験、特に苦難や蹉跌を通じて人間は成長するというのが本書の主題である。成長とは、よりスケールの大きいリーダーシップを経営者として発揮するようになる道筋である。事業経営責任者としてのリーダーシップを磨きたい人は、リーダーシップに関する幸之助の持論や、本書で披露される数々の経験、そこから導き出された教訓とを結びつけながら読み進めていただきたい。

生涯発達という視点

心理学には、節目を乗り越えるたびに人は大きく脱皮して成長するという考え方がある。そもそも人間は、学校にいる間だけ発達するのではない。成人して社会に出てからも仕事を通じて学習し、生涯にわたって発達が続く。生涯発達心理学はその代表格だ。ダニエル・レビンソンなどの研究者は、人間の生涯とは、つまるところ安定期と過渡期(節目)の繰り返しから成ると喝破した。節目を彩るのは、不安と夢である。

経営学の組織行動論においても、最先端のリーダーシップ開発論が、「一皮むける経験」を通じた段階的成長に注目してきた。松下幸之助の場合、丁稚奉公に出た時も、起業する時も、不安や希望は並はずれて大きかったが、そのなかで前進を続けた。人はだれでも多かれ少なかれ人生の節目でこういう経験をする。日常においてさえ、何かに取りかかる時は希望と危機感が背中合わせとなる。

生涯発達の研究では、生涯教育、成人教育の文献も整備されている。成人して経験から学ぶなかで、会社など所属組織には研修があるし、再び大学に戻ったり、各種セミナーを受講したりと学習の機会は数多ある。現代は恵まれた時代だ。松下幸之助から学びつつ、自分の経験を内省し、合わせて成人教育の場を生かさない手はない。なかでも重要な概念の一つが、ジャック・メジロウが強調する、自分が大きく変わるような節目での学習(transformational learningと呼ばれる)だと言われている。社会人への教育方法の研究も盛んだ。私も教育学分野の研究者とこの種の研究について対峙する機会を増やしてきた。

経営分野では、ＭＢＡ教育にも企業内研修にもＯＪＴにも、生涯にわたって学習を続ける場が多い。経験から学び、内省と対話を繰り返しつつ自分の言葉で持論を表現し、さらに、部下に教えることから学ぶという学習の循環が示唆されるようになった。マルコム・Ｓ・ノウルズ、ジャック・メジロウ、シャラン・Ｂ・メリアムらによる成人教育の分野でも、また企業で働く人の成長と発達の場づくりでも、同様な内省と対話が重視されるようになってきた。企業組織における人材開発は成人学習の場でもあるので、広い意味の成人教育学《アンドラゴジー》の一分野であるが、経営学のリーダーシップ開発論はそれを正面切って取り上げるようになっている。

時代を超えた経営リーダーシップ

最後に、生涯発達という視点に加えて人生行路《ライフコース》という視点を紹介したい。生涯発達は心理学から発した概念であり、成人後でも人生の節目をくぐるたびに一皮むけて成長を続けると説く。時代が違っても個人の発達の節目に大きな差はないと考えるのが生涯発達の基本仮説だ。青年期にアイデンティティを確立するという発達課題、一家を構えて子供を育て始める頃の発達課題、中年期の発達課題、退職後の発達課題等々、一人ひとりの個性は重視するものの、節目の発達課題は時代が変わっても普遍的であると考える。

これに対して、ライフコースは、社会学から生まれた概念であり、個人の生涯そのものが時代という大きな社会経済環境のなかに織り込まれていることを強調する。何歳頃にどのような社会経済環境でどのような出来事を経験するかは、生まれた時代によって、したがって世代ごとに決定的に違ってくる。

戦時中、思春期で従軍せず、戦後は一八〇度違うことを教わった経験をした人と、戦場で敗戦を知り、戦後職場復帰した（したがって、民主教育を受けず、教師の豹変を知らない）世代とでは、考え方はまったく異なるであろうし、若い世代を見ても、同じ時期にすでにバブル時代に入社した人と、同じ時期にすでにミドルだった人とでは、各年齢での経験には体系的なずれが見られる。私は、一九五四年生まれだが、小学生のときケネディ暗殺があり、中学生ではウッドストックのコンサートがあり、高校時代に東大安田講堂が燃え、大学生の時にはロッキード・スキャンダルがあった。同世代の人に会うとほっとするのは、何歳でどのような社会経済的出来事があったかを共有できるからだ。

このように、一人ひとりの生き方、働き方、成長の仕方、逝き方はユニークでも、世代が違えば、たとえば大正デモクラシー、戦争、戦後、高度成長、プラザ合意、バブル、失われた一〇年など、いずれも一回かぎりの歴史的事象の遭遇パターンが体系的に異なる。つまり、心理学者が言うように、人は生涯にわたって成長、発達していくにはちがいないが、成長の舞台となる世界が何歳のときどのようであったかは世代によって異なるということだ。それゆえ社会学者は、ライフコースが社会経済環境のなかに埋め込まれていることに注目する。我々一人ひとりの成長は、真空のなかで行われるのではない。時代の息吹のなかで生じるのだ。

言いたいことはおわかりだろう。松下幸之助の「分析的伝記」と、「苦難を通じての成長」という本書の主題を理解するには、幸之助という人物の特徴とその人生――何歳の時に、どのような経験をしたか――を知る一方で、彼が生きた時代にそれぞれどんな出来事があったかを考え合わせる必要があるのだ。

人間の発達の道筋としては、私の夢（経済的な基盤を築く。丁稚から一人前のビジネスパーソンへ）→我々の夢（松下電器を社員とともに発展させる経営者へ）→世代継承的夢（将来の世代にまで喜ばれるものを目指し、実際にそれをこの世に残していくという）夢（自社を超えたレベルでの社会的使命の担い手へ）というようにも整理できる。若い時は、えてして自分のことしか考えない。一人前になるまでは、まず自分を磨こうとする。しかし、部下を持つようになり、幸之助のように若くして起業すれば、自分の夢だけを基軸においていてはだれもついてこない。さらに、事業が成功を収めて会社が大きく発展すれば、より崇高な使命を持って社会に奉仕する活動を期待するようになる。この推移が、個人のなかの変遷であるばかりでなく、大きな時代のなかに埋め込まれていることを見逃してはならない。だからこそ、生涯発達とライフコースという二つの視点が必要なのだ。個人の成長は、時代の変化のなかで育まれていくのである。

起業家、経営者、あるいは、大企業の中興の祖となるような変革型リーダーの生涯も、それぞれが活動する状況と時代に根ざしている。したがって、経営リーダーシップという実践的知性もまた、それらのリーダーが歩んだ社会経済環境の特性に左右される。何歳で創業したかも大事だが、大きな歴史の流れのなかで、いつ創業したかが問われるべきである。一人の人間として、また経営者として、結果において偉大なリーダーになる生き方とリーダーシップの育て方も、時代のなかの社会環境の影響を受ける。このことから、すべての知性は、時代の脈絡に応じたものである（脈絡適合的知性）と、ハーバード大学のニティン・ノーリアとアンソニー・J・メイヨーが主張している。

幸之助の丁稚時代、戦前・戦中のエピソードを読んで、「自分の生きた時代とは違う」「時代が違うから役に立たない」と切り捨てる人に、私はこう答えよう——時代が違うから役立たないということはない。事実、幸之助は今自分が生きている時代のなかに成長そのものがどう埋め込まれているかを読み取る知性を磨き続けたからこそ、結果において偉人となった。コッターが丹念に描いた「人間の成長」というテーマについて、本書を手本にして我々は、我々の生きている時代のなかに読み取るべきであろう。

幸之助論 ◉ 目次

◉第2章

企業家の誕生

第3章 独創的カリスマ
一九三一年（昭和6）～一九四六年（昭和21）

第4章 総合的リーダーシップ――167

一九四六年（昭和21）～一九七〇年（昭和45）

幸之助論

MATSUSHITA Leadership

編集部注：本文中の星印★を付した箇所は、松下幸之助の英文自伝*Quest for Prosperity*からの引用である。詳しくは「参考資料について」を参照。

プロローグ――奇妙な偶然

すでに六年以上前のことになるが、一九九〇年（平2）の春、私は傑出したビジネス・リーダーについての分析的な伝記を書こうと思い立った。それまでほぼ二〇年にわたって、組織とそれを運営する人についての研究をしてきたにもかかわらず、ある個人の生涯に焦点を当てて考えてみたことは一度もなかったので、自分の次の仕事のステップは必然的にそういう方面に向かうだろうと思っていた。

この計画の対象となる候補者を考え始めた時、ハーバード・ビジネススクールの学長ジョン・マッカーサーが私に会いたいと言ってきた。ジョンとは、私が一九七二年（昭47）にビジネススクールで教鞭を取るようになる前からの知り合いだったが、どうして彼が私に会いたいと言ってきたのか、まったく見当がつかなかった。彼のオフィスを訪れた日、エイブ・ザレツニクが退職するので、その後を継いでほしいと言われて、私は驚いた。私たちの会話は、今振り返ってみると滑稽な感じに思えるが、次のようなものだった。

「とてもありがたい話です。たいへんな名誉です。でも、二、三年前にもお話ししたように、ポール・ローレンスが引退してから、その後を継ぎたいと思っているんです。ポールは私をここまで成長させてくれた特別な人ですから……」

「もちろん、わかっているよ。ただ、一つ問題があるんだ。ポスト（肩書き）と専門分野の整合性を図らなければならないということだ。たとえば、うちの学部には鉄道経営と小売業についての教授職があるが、若い教師はこういう地位にはあまり興味を示さない。銀行関係の講座には教師があふれている。そういう例はほかにもある。肩書きと専門がぴったり合うのはまれなんだ。ところがそういう例がここにあるんだよ。エイブの肩書きは〝リーダーシップ教授〟。そして君の専門はリーダーシップだ」

「ええ、そうですが……」

「実におもしろい人物なんだよ」

「だれがですか？」

「マツシタだよ」

「マツ……？」

「今度の講座の名前になる人物だよ。〝マツシタ・コウノスケ講座〟リーダーシップ教授というのが君の正式な肩書きだ」

「そう言われても……」

「ここにマツシタに関するちょっとした資料がある。実におもしろい人物だよ」

「ええ、でも……」

私はマッカーサーに腹を立ててその場を辞した。ポストについて以前に話し合った結果が無視されたばかりでなく、私の新たな教授職が知名度の低い日本の経営者に関するものであったことが不愉快だった。あとから、その話に謙虚に喜ぶべきだったと気がつき、恥ずかしくなったが。

翌日、学長から受け取った資料にしぶしぶ目を通していると、私は自分が興奮してくるのを感じた。私の知らない人物が、革新的な経営とマーケティングの実践によって、巨大な企業を打ち立て、戦後日本の奇跡の経済成長に重要な役割を果たし、その間に数十億ドルもの利益をあげるようになっていた。最初こそ私は気乗りしなかったが、いつしかマッシタ・コウノスケに関するほかの資料を集め始めていた。この人物の苦難に満ちた、しかし驚くべきことを成し遂げた人生について知るにつれて、もっとこの人物のことが知りたくなったのだった。一九九〇年（平２）一一月の感謝祭の頃、ついに私は自分の伝記作品の刺激的な主題を手にしたと感じた。日本以外ではあまり知られていない偉大なビジネス・リーダーについて書こうと決心したのである。

もしかすると、研究を続けるなかで、私は自分自身で幸之助を発見していたかもしれない。だが、そんなことがだれにわかるだろうか。たまたま教授のポストに空きができたこと、学長の押しが強かったこと、これらの要素がなければ、この本は、サム・ウォルトンやトム・ワトソンといったアメリカの実業家の伝記になっていたかもしれない。

この仕事に取りかかるうえでの問題点のいくつかは初めからはっきりしていた。大阪は地理的にも文化的にもボストンから遠かった。そこで私は松下電器産業のスタッフの協力を得られればこの困難は減ると考え、松下電器からその承諾を得るべく半年を費やした。同社の管理職の対応は理解しがたいほど、けんもほろろだった。彼らは私を知らなかった。おそらく、すでに伝説的英雄となった創業者について、どこの馬の骨が書くのかわからない伝記にかかわり合うことの損得勘定をしてみたのかもしれない。このぶんだと、答えはノーだろうと思った。だが私は日本に招待され、一連の話し合いの結果、調査についてはいっさい干渉しない、原稿のどの部分についても松下電器は版権を主張しないという条件つきで、合意が成立した。

この協力は計り知れないほど有意義なものだった。五年にわたって、私は次のような便宜を図ってもらった。①松下電器産業本社社史室の利用、②ＰＨＰ総合研究所京都本部松下関連資料室の利用、③このどちらの資料室にもない企業記録の提供、④松下幸之助をよく知っている人々へのインタビュー（三〇回にわたる貴重なインタビューのお膳立てをしていただいた）、⑤この会社について、この人物について、そして日本のビジネスについての広範囲な既刊書の提供。

大半の情報収集は一九九二年（平４）から九三年にかけて行われた。草稿は、一九九四年（平6）から九六年にかけて執筆された。マッカーサーとの話し合いから四年も経たない一九九四年の初頭には、すでに私はこの主題の手応えを十分につかみ始めていた。私は興味深いビジネス・リーダーについて書きたいと思っていた。松下幸之助は間違いなくこの望みに適う人物であり、この企画を思いついた時点での予想を上回る手応えを与えてくれた。彼の人生を探求することは、そのすばらしいリーダーシップの根拠とその具体的な結果である企業発展のプロセスを解明するうえで、わくわくするような手がかりを与えてくれた。だが、松下幸之助の物語は、単なる事業の物語の枠を超えていた。それは途方もない逆境との闘いの生涯であり、幼少期の精神的外傷《トラウマ》から強さを引き出した生涯だった。それは偉大な事業達成にまつわる精神的な基盤についての物語である。それはまた、長じてからも人間はすばらしい成長ができるという物語である。

小峯弘靖《こみねひろやす》には、この企画の最も重要な調査協力者として三年間にわたって情報収集に尽力してもらった。アンドリュー・バーティス、ナンシー・ロスバードからの協力も得た。圓越淨《えんのこしきよむ》は松下電器と私のパイプ役として活躍してくれた。彼の手で、社史室やＰＨＰ研究所あるいは松下政経塾の人々に懇切丁寧な事実確認をしてもらった。またこの本の草稿に目を通してくれた人々も大勢いる。

これらの助力があったにもかかわらず、この企画は当初の予想よりもはるかに困難を伴うものだった。言語と文化の違いのために、事態は困難を極めた。というのも私は日本学者ではないし、日本語を話すこともできないからである。私が何かとんでもないことを書きはしないか、現存する松下家の人々を不快にさせるようなことを書きはしないかという会社側の懸念は時にうるさいほどだった。

幸之助の経歴には空白があり、それゆえ人物像全体が見えにくくなっていた。松下幸之助講座を受け持っている以上、信頼性の問題を避けて通ることはできず、さらなる追跡調査が必要になった。というのも、松下幸之助という人物が、ほぼ一〇年にわたって私が描いてきたリーダーシップの条件の多くを体現していることがわかり始めると同時に、彼の一生に私の既成の概念を安直に当てはめることで真実の物語を見失ってしまわないかと危惧したからでもあった。おそらく、何より心をかき立てられたのは、私が幸之助について、その光も影も詳しく知るようになればなるほど、この人物が好きになっていったということだろう。何者かについて正しい評価を下すことを目的とした手間のかかる仕事のなかで、その当の人物に賛嘆の念を抱いてしまうのは、いささか困ったことではある。

このような努力を通じて成立したこの本は、従来の伝記の手法では書かれていない。私はそもそも歴史家ではないし、幸之助の生涯を細大漏らさず描くということにはなんら関心がない。むしろ経営学を教える教育者として、将来にわたって有意義になりそうな教育上の模範例を際立たせるという方法で物語を書こうと努力した。

松下幸之助は、私の調査が始まる前年の一九八九年（平元）にこの世を去った。だから、奇妙な偶然によって私が彼のほうへ引き寄せられていったということを当人は知るよしもない。六年にわたって幸之助を研究してきた私としては、いささかの自信を持って、彼がこの本を認めてくれるだろうと言うことができる。というのは、どうやら彼は偶然の連鎖のようにしか見えない事柄に潜む宿命を信じていたらしいからである。事実、ただの貧しい少年が世界最大の企業の一つを創り上げたことを説明できる要素として、宿命のほかに何があるだろうか。まともな学校教育を受けず、いかなる縁故も持たなかった男が、自分の国の経済革命をリードする地位にまで昇り詰めたということを、どうやって説明したらいいだろう。無一文から出発した男が、ついには巨万の富と全国民の尊敬を集めるに至ったということを、宿命のほかに、説明できる言葉はあるだろうか。

だが実際は、説明方法はほかにもあるのだ。

序章　経営の神様

The Legacy

ごく一般の基準からすると、その男は偉大なリーダーには見えなかった。松下幸之助の若い頃の写真には、耳が飛行機の翼のように飛び出している仏頂面の青年の姿が写っている。彼の身長は一六五センチ足らずで、体重は六〇キロ程度だった。ライバルであるソニーの盛田昭夫とは異なり、カリスマ的な美貌を持っているわけでも、国際的に知名度が高かったわけでもなかった。欧米の著名な政治家たちのように人前で話すのが得意なわけでもなかったし、歳を重ねるにつれて、その声はますます細くなっていった。電光石火の知的ひらめきを見せることもまれだったし、おもしろおかしいエピソードで聴衆を沸かせることもなかった。

にもかかわらず、彼は偉大なリーダーのだれもがそうあるように、大衆の生活を向上させるような偉業を見事に成し遂げた。

一九八九年（平元）春に死去した時、その葬儀には二万人以上もの人々が参列した。アメリカ大統領ジョージ・ブッシュも遺族への弔電を送り、そのなかで彼を「全世界の人々を勇気づけて

表1◉20世紀の著名な企業家と収入＊1

（単位：10億ドル）＊2

企業家名	企業名	売上高＊3
松下幸之助	松下電器産業	49.5
本田宗一郎	本田技研工業	35.5
サム・ウォルトン	ウォル＝マート・ストアーズ	35.0
盛田昭夫	ソニー	33.7
D・パッカード／W・ヒューレット	ヒューレット・パッカード	20.6
J・C・ペニー	J・C・ペニー	17.4
ケン・オルセン	デジタル・イクイップメント	14.5
ヘンリー・フォード	フォード・モーター	10.3
アンディ・グローブ＊4	インテル	8.9
レイ・クロック	マクドナルド	4.7
ビル・ゲイツ＊4	マイクロソフト	3.8

＊1）最上位の成功した企業家を網羅したものではない。
＊2）1994年現在の貨幣価値で換算したものを含む。
＊3）各企業家が、経営に直接関与しているかどうかを問わず、なんらかの形で会社と関係していた時の収入が示されている。
＊4）1994年現在、会社を経営している企業家。

くれる人」と呼んだ。＊1

幸之助が遺したものは計り知れない。第二次世界大戦後、彼は日本の奇跡的な経済復興に尽力した主役の一人となった。パナソニックなどのブランドによって、彼が創立した会社は数十億もの人々に家庭用電気器具と家電製品を提供した。彼が死去するまで、これほど多くの消費者を魅了した企業は全世界にほとんどない。＊2 当時の売上高は四二〇〇億ドルに達し、ベツレヘム・スチール、コルゲート＝パルモリブ、ジレット、グッドリッチ、ケロッグ、オリベッティ、スコット・ペーパー、ワールプールの売上高の合計額よりも多い。＊3

幸之助の経済的成功は、彼よりもはるかに有名な企業家、たとえばヘンリー・フォード、J・C・ペニー、レイ・クロックなどをも上回っている（表1参照）。しかしながら、彼の名前はホンダやフォードのように製品名に採用されていないし、アメリカの繁栄の象徴たるアメリカ人経営者でもなかったし、海外のメディアの関心を積極的に惹こうともしなかったので、依然として母国以外では知名度が低い。

彼の信じがたい成功は数十億ドルもの個人財産を生み出したが、その富はフランスの別荘を買うために費やされたわけではない。ノーベル財団のような組織の創設や日本の政治制度を改革するための政治・行政のリーダー養成機関の設立といった社会的プロジェクトに費やされた。晩年、彼は数十冊の著書を出し、小規模な研究グループとともに人間の本質を研究し、日本政府が国民や世界の人々に貢献するよう活動を促した。

より巨額の個人資産を蓄えた人ならほかにもいる。より巨大な企業を作り上げ、国家に多大な貢献をした人ならほかにもいる。しかし、総体的に見て、幸之助ほど数々の多様な業績を残した人物は二〇世紀の企業家には見当たらない。そして、これほど人々を勇気づけたお手本はほかにない。

ちょっとした行動が、裕福で力強い企業家というありきたりなイメージを打ち壊し、それによって語り草となる場合がある。ここに典型的なエピソードがある。一九七五年（昭50）、小川守正と他の五人の事業部長が創業者との昼食に招かれた。この時すでに幸之助は『タイム』の表紙を飾り、日本における所得税納税額で例年トップを占めるようになっていた。小川は「大御所」との接触がほとんどなかったので、興奮と一抹の不安を抱えながらその昼食会に期待していた。

昼食の席は大阪のあるレストランに用意されていた。正午を少し回ったところで六人が勢揃いした。簡単な挨拶と歓談の後、ステーキが振る舞われた。幸之助は会社の仕事と歴史について語りながら、ビールを二杯飲んだ。

他の六人全員がステーキを食べ終えた時、幸之助は小川のほうを向いて、これを調理したコックを呼んできてほしいと頼んだ。「店長ではなくコック長だよ」と彼は念を押した。その時小川は、幸之助がステーキを半分しか食べていないことに気づいた。

＊0－1
「親愛なる松下正治様。ご尊父松下幸之助氏のご逝去に際し、心よりの弔意を申し上げます。松下幸之助氏は全世界の人々を勇気づけてくれる方でした。その刻苦勉励とビジョンによって、松下電器を現代有数の大企業に育て、新たなテクノロジーの導き手にしました。同時に松下氏は成功によってもたらされる大きな道義的責任を理解されていました。国際理解と世界の平和に尽力され、日本が国際社会の一員としてその役割を果たし、日本人が努力して獲得した繁栄に他の国の人々も協力して到達できるよう援助することを働きかけたのでした。彼の死は悲しい、しかし彼の精神は常に私たちとともにあるでしょう。ご遺族の深い悲しみを思い、謹んでご冥福をお祈りいたします。ジョージ・ブッシュ」

＊0－2
大手企業がどれくらいの顧客を持っているかを見積もるのは困難である。松下電器に関するこの結論は次のような単純な経験則から導かれる。①大手企業は小規模な企業よりも多くの顧客を持っている。②一般消費者向け企業の顧客のほうが他の種類の企業よりも多い。③国際企業、とりわけ全世界レベルで純然たる商品販売を展開している企業のほうが、一国もしくは一大陸に留まっている企業よりも顧客が多い。よって、世界一の一般消費者向け企業は松下電器と言える。

＊0－3
本書を執筆している一九九六年現在では、松下電器の年間売上げは約七兆六七五九億円である。

小川は深刻な事態が起こりそうだと覚悟を決め、コックをテーブルまで連れてきた。コックは自分を呼びつけた客が非常に重要な人物であることを知っていたので、かしこまっていた。

「何かお気に召しませんでしたか」とコックは恐る恐る尋ねた。

「ステーキをせっかく焼いてもらったけれど」と幸之助は言った。「私は半分しか食べられなかった。まずかったからではない。たいへんおいしかった。しかし、ご覧のとおり、私は八〇歳で、もう昔のような食欲はないものだから」。

コックと他の五人は怪訝な顔を見合わせた。いったいどういうことなのか——理解するのにしばらくかかった。

「あなたを呼んでもらったのは」と幸之助は続けた。「半分食べ残したステーキが厨房へ戻ってきたのを見たら、気にするのではないかと思ったからです」。

どんなに猛烈なビジネスマンでも、時には優しい側面を見せるものだが、たいていはわざとらしい。幸之助に関して特徴的なのは、こういった行動のすべてが、数多くの業績とあいまって、大衆に愛されたということである。実際、彼が映画スターやプロのスポーツ選手などより人気があったという調査結果がいくつもある。

どこの国でも成功を収めた実業家は疑いの目で見られたり、時には蔑視されたりする時代にあって、彼は日本の国民的英雄として生涯を閉じた。

松下幸之助は一九世紀が終わりを迎える頃に生まれた。一九一七年（大6）に自立して事業を始めた時、所持金は一〇〇円、学校教育は四年しか受けておらず、何の縁故も持たず、おまけに家庭的な精神的外傷《トラウマ》も抱えていた。それでも、わずかな元手で設立した小さな会社は、次第に商才を発揮していく企業家の手腕で開花した。

この時期の幸之助は販売を重視し、きわめて実践的だった。

「ともに商売に携わる人を家族の一員と見なすこと。繁盛するかしないかは、商売の相手からどれだけ多くのことを学ぶかにかかっている。……アフターサービスは売る前のサービスより重要である。……お得意様はこのようなサービスを通じて得られる。単に魅力的な商品を売るのではなく、客にとって利益となるような商品を売ること。……紙一枚でも無駄にすれば、それだけ価格は高くなる。……品切れは不注意によるものである。もしこのようなことが起こったら、客に謝罪し、住所を尋ねて、すぐに商品をお届けしますと告げること」

彼自身と会社が成長するにつれて、将来の展望も考え方の幅も広がっていった。一九三〇年代の初めになると、実践的な教えとして、事業目的や人間の本質などに関する哲学的主張の色合いが濃くなっていく。一九三二年（昭7）の社員向け訓示では「産業人の使命は貧困を克服し、社会全体を貧困の悲惨から救い、富をもたらすことにある。販売と製造はその企業の店や工場を豊かにするだけでなく、社会の他の部分も豊かにするためにある★」と述べている。

彼は、株主の評価を最大限のものにすることを一企業の当然の目標とするような幅の狭い考えを口にしたことはなかった。たしかに富についてしばしば語ったが、それはあくまでも全員の利益のためであり、企業主のためではなかった。しかもその考えは心理的・精神主義的な色合いの濃いものだった。

「物質的な安定を得ることが幸福を保証することではけっしてない。精神的な富だけが真の幸福をもたらす。もしこれが正しければ、ビジネスは生活の物質的な面にかかわるだけで、人間の精神に関する配慮を宗教や道徳の独壇場にしてしまっていいのだろうか。私はそうは思わない。ビジネスマンもまた、精神的に豊かで、物質的に恵まれた社会の創造に参与できる者でなければならない」

第二次大戦での悲惨な体験によって、彼はますます日本の統治のあり方に対する関心を深めていった。晩年の壮大な構想の一つは、日本の政治家の新世代を育成するために、教育に寄与しようとしたことだった。この考えは単純明快かつ、きわめて理想主義的で、小規模ながら政治に関する独立した大学院大学のような学校を設立した。ビジョンと総合性、より広範な観点、そして合理的な政策分析に主眼を置き、長期にわたって政治文化の担い手となり、変革するという希望を持って立候補する勇気を卒業生に与えようとした。

こうして彼は、茅ヶ崎市の六〇〇〇坪ほどの土地に松下政経塾を設立した。一九八〇年（昭55）四月、最初の塾生が入学し、一九九三年（平5）の春までに一三〇名の塾生が卒業した。一九九三年七月に行われた総選挙では、二三人の政経塾の卒業生が国会議員に立候補した。そのほとんどは日本新党などの新政党に所属し、ほぼ全員が四〇歳以下だった。しかも戦後初期からずっと与党の座を守り続けてきた自由民主党の現職議員に対抗して立候補した。[*4] アメリカであれ、他のどこの国であれ、このような若い挑戦者が立候補しても、そのほとんどは落選してしまうだろう。だが一九九三年夏の選挙では、二三人の松下政経塾卒業生のうち、一五人が当選したのである。

六笠《むかさ》正弘は二五年間にわたって幸之助の下で働いてきた。彼の次のような言葉は、幸之助という人物を知る人々にとっては珍しいものではない。

「日本には、特定の個人が授与するさまざまな勲章があります。松下幸之助もまたいくつか勲章を受けていますが、それをひけらかしたことは一度もありませんでした。彼はいつもごく自然に皆さんのおかげだと言っていました。いつも驚くほど控え目でした。すべての人を尊敬しているというふうに振る舞っていたのです。その結果、ふつう偉い人と話す時にはかしこまってしまう人も、彼とは楽に話すことができました。彼の腰の低さのせいで率直になれて、考えていることをありのままに話すことができたのです。

彼はたいへんな勉強家でした。自分がまともな教育をほとんど受けたことがないと思っていた

＊0－4
二三人の松下政経塾出身の立候補者のうち、三人は自由民主党所属だった。他の二〇人は発足したばかりの日本新党に所属していた

せいもあるかもしれませんが、他人が言うことに注意深く耳を傾ける人でした。そういう知識を自分の考えを練るのに利用するのが非常に得意な人でした。

あれほど金を稼いだ人でありながら、裕福さに関心を持ったことはないように見えました。自分の富を贅沢のために使ったことはありません。彼には強力な道徳心があり、自分の精神を高めることに焦点を当てているようでした。毎日少しずつ、より大きな知恵に向かって前進していこうとしていたのです。

彼は他人を啓発することで、自分も啓発されると信じ、他人を助けることは自分をも助けることだと信じていました。こういう考えはほとんど宗教的信念のようなものでした。他人の協力なしには、自分の目標に達することができないと考えていました。彼は会う人すべてに対して、あなたがいなければ、私たちは成功できないという印象を与えていたのです。

たいへん理想主義的な人でしたから、私もとても楽しく仕事ができました。彼は傑出した経営者である以上に、偉大な人でした」

青年期を通じて、幸之助を並み以上の才能だと見なす人はほとんどいなかった。ましてや偉大と見なす人などいるはずもなかった。彼は凡庸な少年だった。二〇代初めの頃は、神経質で病弱な青年だった。ところが三〇代に入ると、トム・ピーターズやボブ・ウォーターマンが一九七〇年代後半に強調したようなビジネス慣習をすでに考え出していた。四〇代になると、先見性のあるリーダー、いわゆる「ビジョナリー・リーダー」になっていた。第二次大戦後は、経済の急成長、加速度的な技術の変化や国際化などに驚くほど適合した組織を作り上げた。一九七〇年代、八〇年代になると、著述家、慈善家、教育者、社会哲学者、政治家などの仕事も加わるようになった。

しかし、その生涯を通じて彼がいかんなく発揮したものは、驚くべき成長と再生の能力であり、ほとんどの専門家が一致して認めているところによれば、比較的動きの遅かった過去の世紀よりも、より動きの速い二一世紀において重要になる能力だった。

子供は楽々と物事を学習し、急速なペースで技能を伸ばしていく。大人は、学ぶにしても、時間がかかることが多い。幸之助は事あるごとに、こういったすべてのことに関する自分のものの考え方は、ある詩の一節に要約されていると語った。その詩は次のように始まっている。[*5]

青春とは人生のある期間ではなく、心の持ちかたを言う。薔薇の面差し、紅の唇、しなやかな肢体ではなく、たくましい意志、ゆたかな想像力、炎える情熱をさす。青春とは人生の深い泉の清新さをいう。

＊0－5
アメリカの実業家にして詩人のサムエル・ウルマン作。第二次大戦後、ダグラス・マッカーサーが座右の銘としていたため、日本で知られるようになったと言われている。本書中で用いた訳は『「青春」という名の詩』（宇野収、作山宗久著／産能大学出版部）による。

青春とは怯懦《きょうだ》を退ける勇気、安易を振り捨てる冒険心を意味する。ときには、二〇歳の青年よりも六〇歳の人に青春がある。年を重ねただけで人は老いない。理想を失うとき初めて老いる。

彼の理想はその行動を大きく左右したが、同時にその外見からは容易にうかがい知れない複雑な個性を生み出す結果にもなった。

一九七五年(昭50)に大阪のレストランで幸之助とコックとのやり取りを見た小川守正は、相談役は聖人だと結論した。こういう印象を最初に受けたために、その五年後に起こった出来事になおさら困惑した。

当時、小川の事業部は損失を出していた。小川によれば、相談役がわざわざ彼の部門を訪れた時、その会話はかなり激昂したものになったという。

「売上げがゼロで人件費分が赤字になったというのならわかる」と幸之助は声を荒らげた。「だが君は一〇〇〇億円の売上げを計上しておきながら、九〇億円の赤字を出している。こんなヘマをやらかした責任は君と君の下で働く役員にある。本社にも責任を取ってもらわなくてはならない。なぜなら二〇〇億円もの金を君に貸す決定を下したからだ。明日、その二〇〇億円を引き揚げるよう話をするつもりだ」。

「でも相談役、そんなことをすれば我々の事業部は潰《つぶ》れます!　あと五日で給料日なんです。月末には資材と部品の代金を支払わなくてはなりません。今二〇〇億円を取り上げられたら、支払いができません」

「そのとおりだ。だが私は君たちがこんな経営をするつもりなら、ビタ一文貸さない。明日、君への融資は引き揚げる」

「でも、それでは破産してしまいます！」

「ここには四〇〇〇人の従業員がいるじゃないか。彼らと相談してその考えを聞き、有効な再建計画を立てるんだな。みんなで力を合わせて、そういう再建計画ができたら、住友銀行に紹介状を書いてやろう。その手紙があれば、ここの土地と建物と設備を担保に二〇〇億円を融資してもらえるはずだ。さあ仕事に取りかかりたまえ！」

このようなエピソードが報告された例はそれほど多くはないが、幸之助は中枢の経営幹部に対して定期的に声を張り上げ、時には顔を真っ赤にして怒ったようである。彼と近しくなればなるほど、叱責される機会も多くなった。

娘婿として、家族と企業の双方の絆で結ばれていたがゆえに、社長・会長職の後継者となった松下正治《まさはる》ほど幸之助と間近に接した人はいなかったし、その逆鱗に触れた人もいなかった。「お客さんや販売代理店の人たちにはことのほか愛想よく振る舞っていたのでしょうが、身内に対しては、時に冷淡で厳しい人でした。家で夕食をとっている時でも、温かみを感じることはめったにありませんでした」。

幸之助を単なる国民的英雄として語るには、あまりに複雑な側面が多すぎる。たとえば、彼がより大きな幸福と人類全体の福祉を重要視したことは語り草になっているが、同時に第二次大戦中は日本軍への物資供給業者であり、一九六〇年代後半には、企業カルテルに参加して日本の物価を高水準に維持し、アメリカに対してはダンピング輸出したことで訴えられている。長じてからの彼の人生はおびただしい崇拝者に囲まれているが、ある面では孤独な男だった。

また、彼は一人の女性と結婚して七〇年以上連れ添った。ごく一般の基準に照らせば、この結婚は成功だと言えるが、同時に、少なくとも一人の愛人と数十年間にわたって別の家庭を営み、四人の子をもうけていた。彼の物腰には禅を思わせる落ち着きと力強さがあったが、一方で後半生は不眠症に悩まされ、毎晩睡眠薬の助けを借りていた。

幸之助の物語は少なくとも三つのレベルで語られる。公人としての面では、しばしば聖人のように振る舞う偉大な企業家である。私的な面では、時に声を荒らげ、睡眠薬を常用し、愛人がいた。この二つの面より深いところでは、並みの疑い深い人間にはとうてい理解できないほどの信念から生じる感情が渦を巻いている。

『日立と松下』(中公新書)は、幸之助の会社についてこれまでに書かれた本のうち最良という定評を得たベスト・セラーだが、著者の岡本康雄はこう語っている。「松下幸之助は自制心の備わったコンプレックスの塊でした」。

本書は時系列による構成をなしているが、従来型の伝記を目指すものではない。歴史的記録を網羅するのではなく、彼のおびただしい業績と彼の経験から何を学べるかに焦点を当てている。こういった問題を考えれば、どうしても日本についての論議にならざるをえないが、本書の主要な目的は、日本的経営についての研究を提示するものではない。ここで検討する問題は、日本の経営者を含めて他のどんな経営者と比較しても例を見ない松下幸之助の遺産であり、また、彼の人生からくみ取れる教訓は、二一世紀の世界でいかに有効な行動指針となりうるかである。

幸之助は、特殊な時代と場所の産物にほかならない。もし彼が三〇代で、何かの奇蹟で今日のシカゴやフランクフルトに登場したとしても、まず間違いなく、その生涯で達成したのと同じ業績を遺すことはできないだろう。にもかかわらず、彼が経験した二〇世紀の日本の物語を通じて、とりわけ目まぐるしく環境が変化する困難な情勢にどのように対処すべきかについて洞察を得られる。かりに今後数十年、さらに安定した事業環境が与えられたとすれば、幸之助の教訓はそれほど傾聴に値するものではなくなるだろう。だが、そんな恵まれた未来がやってくる徴候はどこにもない。事実はその正反対である。

もし二一世紀がますます激動の世紀となるなら、松下幸之助の物語は、これまで過去に通用していた常識的な事業戦略や組織運営あるいは経験が、必ずしも通用しなくなるだろうということを力強く示してくれるはずである。使命感を中心に据えること、顧客に焦点を当てること、高度な生産性、従業員参加などの旗印のもと一九五〇年代から六〇年代にかけて、たえず脱皮を遂げてきた松下電器産業は、同時期あるいは現在のゼネラル・モーターズ（GM）、フィリップス、シアーズをはじめとする著名な企業よりもはるかに優れた模範を提供してくれる。松下電器におけるリーダーシップの意味を検討することは、企業がいかにしてこの激動の事業環境のなかで、たとえ競合他社が資金力で上回っていたとしても、適応力と機動力のあるライバルとして生き残れるかを教えてくれるはずである。

松下電器の物語は、巧みに実行された大きな事業戦略は単なる合理的な経済分析の賜物ではなく、そこには個人に関係した力強く奥深い要素が潜んでいるということを明らかにしてくれる。幸之助の物語は、偉大なリーダーシップというものは生来のものでなく、数十年にわたって積み重ねられ、時には苦悩の上に築かれるものであることを示している。

おそらく今回の研究から得られた最も興味深い発見は、幸之助の驚嘆すべき業績に関するものではないように思える。すでに語り草になっているJ・D・ロックフェラーの威圧するような個性だとか、ウォルト・ディズニーのカメラ映えするカリスマ性だとか、トーマス・エジソンの発明の才だとか、J・P・モーガンの抜け目のない金銭感覚だとか、盛田昭夫の家柄の良さだとか、シャルル・ド・ゴールの肉体的存在感だとか、理研の総帥、大河内正敏の学歴だとか、そういうものは幸之助には何もない。ある意味で彼はまったくの凡人だった。彼の若い頃を知っている人で将来大物になると予想した者はだれもいなかったにちがいない。それにもかかわらず彼はとても凡人とは思えない人物に成長した。彼の物語を理解するカギは、成長することに対する途方もない意欲にある。

病弱で傷心を抱え、貧苦に打ちひしがれた九歳の少年は、お客様の要望に敏感な、自転車店の丁稚《でっち》としてスタートした。大阪電燈に入ると、精力的に働く従業員として頭角を現し、やがて二〇世紀の基準からは考えられないような戦略を使う将来有望な商売志向の実業家に成長した。ある程度儲けても歩みを止めず、強力なリーダーとなり、さらには巨大企業の比類ない創業者となり、最後には単なる経済的利益を超越した政治家、哲学者となった。他の人々が失敗を苦にしたり、成功して傲慢になったりして三〇代や四〇代で失速してしまっても、幸之助は学び、進歩を続けていった。

幸之助に備わっているいくつかの習性がこの成長を促した。彼はみずからをも他者をも快適な場所に留まらせることなく、因習に挑戦し、リスクを顧みず、弱点や失敗を洗い出し、新たなアイデアを探り、素直な心で周囲の意見に耳を傾けた。この習性は遠大な人道的理想によって磨きをかけられた。その向上心は年を重ねるにつれて大きくなったので、彼が現に成し遂げた業績がたいしたものではないように思えるくらいだった。逆に、一連の悲劇と刻苦から立ち現れたこれらの目標は激しい感情を生み出し、大きな夢をかき立て、人生におけるわずかな後退をも許せないという気概を彼に植えつけた。これらの過程を図式化すると、二七三ページのようになる。

苦難というものは、時として自分の置かれた環境を打破したいという荒々しい欲望を生み出し、仕事中毒気味の性格や、目的が達成されれば手段は問わないという価値体系や、金と権力に対するあくなき衝動を生み出すものである。しかし、幸之助の物語は、どんなに厳しい時にあっても、ますます遠大になる人道的理想や成長を促すための精神鍛錬を助長し、あるいは数十年にわたるたゆまぬ学習意欲をかき立て、ついには数百万の人々に恩恵をもたらした途方もない業績を生み出したかを示している。それは、激流に抗して生涯を泳ぎきった一種の革命家の物語である。それは、二〇世紀という歴史の一断面であり、ある意味で日本人全体の縮図とも言える。

おそらく、それ以上に、紛争と貧困と科学的合理主義の冷たい光によって末梢神経が死に瀕している世界にあって、不屈の精神を奮い立たせると同時に心を温める、一つのドラマであろう。

第1章

STUDENT, APPRENTICE, EMPLOYEE:1894-1917

◉

偉業の源泉

1894年（明治27）～1917年（大正6）

10歳の幸之助と五代自転車店の店主夫人（1905年）。
実家を離れ住み込みで働く少年にとって、彼女はいわば
母親代わりであった。

1　故郷を失った少年
Early Loss and Its Consequences

◉ 過酷な人生の序曲

松下幸之助は現在の和歌山市のはずれ、紀ノ川の南岸に位置する和佐《わさ》村に、一八九四（明27）一一月二七日に生まれた。もし彼の生まれ育った比較的裕福な大家族が平穏に恵まれていたら、彼は快適な人生を送り、今日の私たちに知られることはなかったかもしれない。だが松下家は幸之助が生まれて間もなく幸福に見離され、過酷な生活は末っ子の彼に大きな影を落とした。

数々の特殊な出来事は、幸之助の幼年期を独特のものにしている。幼い頃の喪失感は彼の心の激情、希望や恐れをあおり、それが結果として企業家精神やリーダーシップ、あるいはその他の模範的な行動様式の基盤となった。多くの企業家の場合、とりわけ幸之助の場合がそうだが、まず幼年期の根っこ——この期の体験は、しばしば困難と苦悩を伴うものである——を知らないことには、長じて後の目を見張るような仕事を理解することはできない。

和佐村の極楽寺にある松下家の過去帳には、一七世紀にまでさかのぼる祖先の名前が列記されているが、一八五〇年（嘉永3）以前に死んだ祖先については、名前以上のことは何もわかっていない。ある史料によると、幸之助の父方の祖父は顎鬚をたくわえた比較的度量の広い男として村で評判をとり、八一歳まで生きたという。父政楠《まさくす》は、ペリー提督が浦賀に黒船を率いて現れ、二百数十年にわたって鎖国していた日本人の目を覚ましてから二年後の一八五五年（安政2）に生まれた。母の島本とく枝は一八五六年に生まれた。一八七四年（明7）、とく枝が一八歳の時、二人は結婚した。長女イワが同じ年に生まれた。七七年（明10）には長男伊三郎が生まれ、房枝（明13）、八郎（明15）、さらに三人の娘（チヨ〔明18〕、ハナ〔明21〕、あい〔明24〕）が生まれた。末っ子の幸之助が生まれたのは、奇しくも将来幸之助が英雄と仰ぐことになるトーマス・エジソンが初めて動画の撮影機を発表した年である。

この一〇人家族は、世帯数わずか六〇戸の集落で生活していた。狭い国土に六〇〇〇万の人口がひしめく国にあって、この小さな農村は比較的広く、ゆったりとしていた。和佐村の中心には寺のほかには目立つものは何もなかった。村の財政は農業で成り立ち、米が主作物だったから、土地の大半は水田に当てられていた。日々の生活は、毎年繰り返される田植えと稲刈りの集約的な労働を中心に展開していたことだろう。

今日の基準からすれば、松下家の生活水準はせいぜい中級程度である。だが、世紀の変わり目を迎えていた当時の日本の基準からすれば、一家は比較的恵まれていた。貧しい小さな農村で、幸之助の父は約一八万四〇〇〇坪の土地を所有し、七人の小作人を使っていた。幸之助が生まれる前に政楠は二度、村会議員に選ばれている。一家は三、四世代前からその土地に暮らしてきたので、松下の名前はよく知られ、尊敬も受けていたからである。末っ子の幸之助は、まだ幼いとはいえ、このことを十分に意識していたにちがいない。

とく枝は人手を雇って八人の兄弟姉妹の面倒を見ていた。記録によればこの一家に特別な問題があったとは思えない。子供たちは健康かつ幸せそうで、愛されていたようだ。末っ子の幸之助は家族のなかで特別な位置を占めていた。まだ赤ん坊だったので、だれからも可愛がられたのである。

幼年期について触れた彼の文章を読むと、「平和で気楽な」生活だったと述懐している。幸之助は、和佐村の中心から一キロと離れていない場所にある先祖代々の、質素だが大きな木造の家とその周辺で日々を送っていた。周囲には田んぼと緑の森が広がり、近くには山もあった。素朴な農村ではなすべき仕事は多かったものの、幼な子にその労働が降りかかってくることはほとんどなかった。幸之助は近くの川で魚釣りをしたり、鬼ごっこをしたりして遊んだ。後年、彼は背負われてその地方の子守り歌を耳にしながら、田んぼのあぜ道を通り家に帰った時のかすかな記憶があると語っている。数年後、彼は何も疑うことなくこの楽しい日課をごく当然の日常生活の一部と見なすようになっていた。だがそれは長くは続かなかった。

一八九九年（明32）、松下家の家計がにわかに陰った。一〇人家族は和歌山市内の粗末な長屋に引っ越しせざるをえなくなった。食料も底をついた。子供たちが次々に死に始めると、事態はいっそう悲劇へと向かった。幸之助は死なずにすんだが、九歳で大阪に丁稚奉公に出され、一日に一六時間働かされることになった。

どんな状況であれ、悲劇は耐えがたいものだろう。だが、幸之助が辛酸をなめなければならなかった原因が、苦痛をさらに耐えがたいものにしていた。松下家の凋落《ちょうらく》は地震や戦争によるものではなかった。家族を襲った貧困とその影響は、幸之助の父の行動に由来していたのである。

◉父政楠の誤算

日本が一九世紀後半の急速な変化の波に呑み込まれなければ、政楠は商品取引などに手を出さず、破産することもなかっただろう。だが、このような変化がいっさいなければ、彼の末息子が巨大な企業を創り上げ、世界中に商品を売りさばき、自分の国を経済大国に押し上げる一因となることもなかった。

一八六八年の明治維新まで、日本は大まかに言って、西洋の技術などほとんど知らない農民と武士による硬直した封建社会だった。ところが明治新政府が伝統を捨て、近代化を志向する決定を下すと、急速な変化の波が押し寄せた。一八八九年（明22）には憲法が発布された。その年に幸之助の父親は村会議員に選出された。

政治の急速な変化に伴って、経済・軍事・教育にも同様の変化が生じた。一九世紀末以降の日本について書かれたさまざまな記録を読むと、こういった変化は時に当惑を与え、時に息を呑むような興奮を巻き起こし、時には恐怖心を引き起こすようなものだった。現在の私たちの日々の経験を極端にしたような当時の状況では、新たな環境によってもたらされる好機と運はきわめて重要な意味を持っていた。

この混乱のただなかにあって、一八九四年（明27）一月に米穀取引所が和歌山市に設立された。これはアメリカやヨーロッパで見られるのと同じ、農業生産物を先物取引のかたちで売買できる制度だった。契約が満期になった時、物価が契約時に定めた価格を上回っていれば買い手は儲け、売り手は損をする。かりに物価が契約時に決めた価格を下回っていれば、逆の事態が生じる。売り手が儲け、買い手が損をするわけだ。先物取引が今も昔も魅力的なのは、巨額な先行投資をしなくても大金を儲けることができるからである。しかし、逆もまた真であり、大金を失うこともありうる。

一八九七年（明30）の不作によって、翌九八年の米価は三六％上昇し、九九年には逆に三三％下落した。篤農家で村会議員の政楠は、この時期、自宅から和歌山市の米穀取引所までの一〇キロの道のりをたびたび往復した。彼は米の先物取引に大金を注ぎ込んでいたのである。

とく枝は夫が先物取引をしていることなど知らなかったようだ。彼女にとっても子供たちにとっても、生活はいつもと同じように続いていた。長男はすでに学業を終えようとしていた。女子のための義務教育はなく、ほとんどの男子生徒も四年生で学業をやめるような時代だったので、他の七人の兄弟姉妹は家にいた。イワと房枝が子育てを手伝った。娘たち全員で炊事、洗濯、裁縫などの家事を手伝い、とく枝を支えた。次男の八郎は大工仕事と田畑の作業を手伝った。電気もなければ上下水道もない藁葺《わらぶき》の家での生活は、現在から見れば原始的だった。それでも、隣近所に比べれば、松下家はまだ裕福だった。

その木造平屋の母屋は、当時の日本では大きいほうだった（三四ページ「和佐村の松下家」を参照）。彼らは自分たちが知っている範囲ではだれよりも広い土地を所有し、食料にも財産にも恵まれていた。そこには都会ではまれな広々とした空間と静けさがあった。そして何よりも家族があった――どこから見ても幸福そうな大家族があった。

ゲームの初心者というものは玄人から見ればしばしば扱いにくく、予想もできないようなことをしでかすものだが、政楠もまたいつも危ない橋を渡ってばかりいた。その動機が何であったのか、ましてや彼がどの程度の売買をし、どの程度の投資をしていたのか、ほとんど知られていない。ただ、資本主義経済の先取りをしたことで、大きな代償を払うことになったという、その結末が知られているだけである。

幸之助の四歳の誕生日からしばらくして、松下家の跡取りである政楠は、家の資産をほとんど失ってしまったのである。

◉和佐村の松下家(1895年頃)

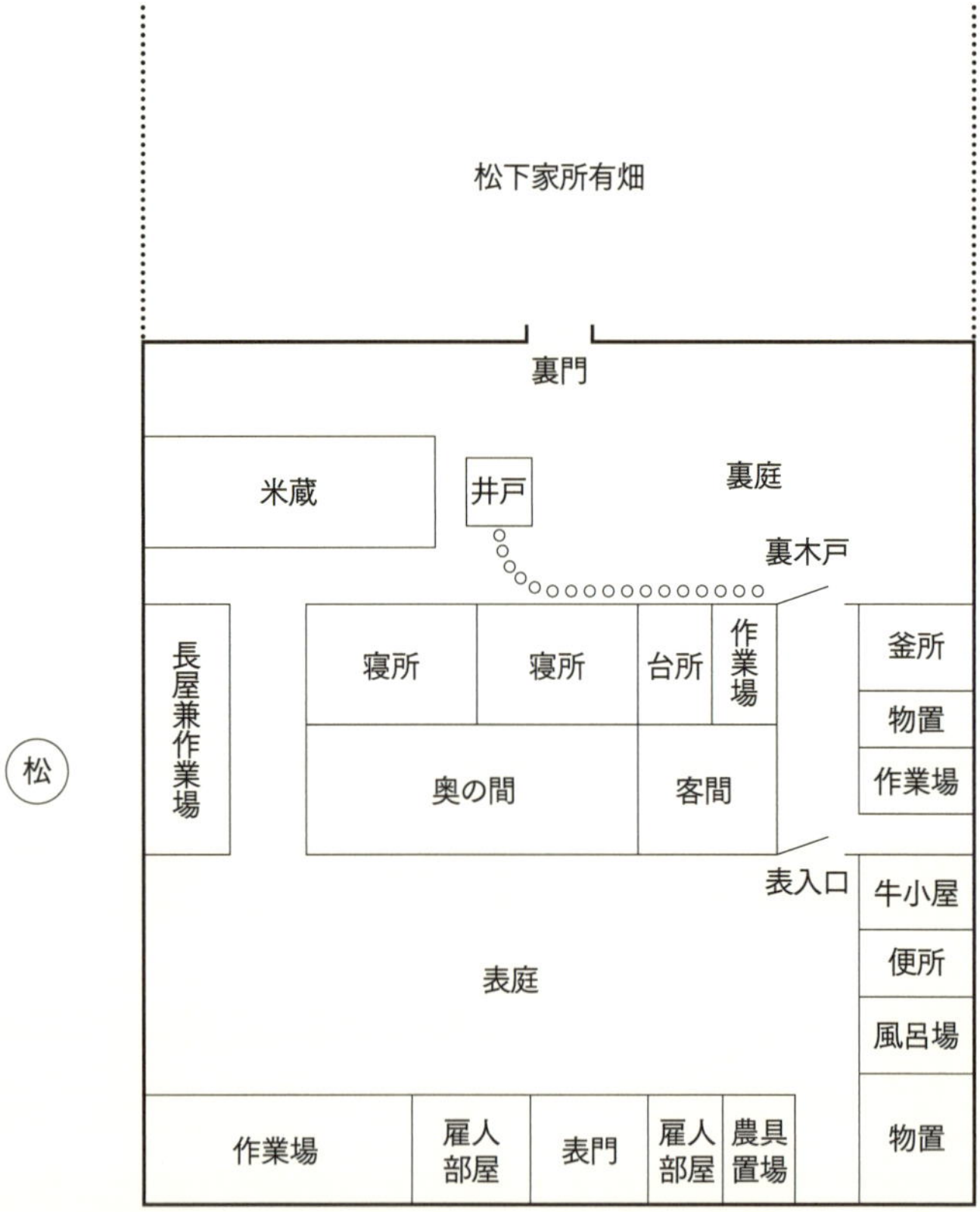

出典:辻本豊の証言に基づき、一部表現を変えて作成。

◉よそ者への冷たい視線

大きな恥辱の思いはまず政楠自身を襲ったことだろう。妻に、小作人に、村会議員の同僚たちに、そして近所の人々に事情を説明することは、この上なく屈辱的な経験だっただろう。米相場での負債を払うために、幸之助の父親は先祖代々受け継いできたものをすべて売り払わなくてはならなくなった。近所に住む村会議員の辻本角次郎が農地を買い取り、また別の隣人の千旦《せんだ》藤吉《ふじきち》が家屋敷と隣接する土地を買い取った。親戚の関本茂七が蔵を買い、さらに数人の隣人が表と裏の門、長屋、家財道具を買い取ったという。

　家族を襲ったこの激変の全貌を把握するのは難しいかもしれない。現在でも破産は恐ろしいことではあるが、今は破産者を更生させるための法律が整備されている。このような法律を頼るには多少の訴訟費用がかかるが、数十年前と比較すれば社会的汚名は小さい。今日では、投機ですべてを失っても、破産宣告さえすればいくらかの資産は保証され、経済的地位を回復するチャンスも与えられる。一方、封建的文化が残っていた一八九九年（明32）の日本においては、近代的な破産管財法が存在しないどころか、社会的地位が多少なりとも下がることは世間の見方が根本的に変わることを意味した。お辞儀や微笑みや丁重な言葉遣いが、無作法なそれや無関心、よそよそしさに取って代わることもありえた。今日の大企業で取締役から現場主任に降格しても、松下家の転落ほど恥ずべきことではないだろう。

松下家の一〇人の家族は身の回りの品だけを手にして、和歌山市内の狭苦しい裏長屋へと引っ越した。和歌山市は当時和佐村の一〇〇倍にあたる六万四〇〇〇人の人口を抱えていた。一〇部屋以上の家から、二、三部屋しかない家に押し込まれたのである。狭い街路が広々とした森や田畑や山に、都市の喧噪が田園の静けさに取って代わった。他人から敬意を払われることもなくなった。家計はいよいよ逼迫した。家長は生まれて始めて職探しに出かけざるをえなくなった。

引っ越しするということだけでも、松下家の子供たちには、友人を含めて自分たちがなじんだ世界を捨てるということを意味した。わが家、慣れ親しんだ小川、秘密の隠れ場所、近所の遊び友達、登って遊んだ木、駆けっこをした道、これらすべてが消え去った。経済的困窮は食料の欠乏を意味し、おいしいものや新しい服などは手に入らなくなった。狭苦しい長屋で生活するようになってからは一部屋に三人から五人で寝ることになり、プライバシーなど望むべくもなかった。新しく移り住んだ町での貧困は、由緒ある家の子供ではなく、よそ者や浮浪児のように扱われることを意味した。

松下家の子供たちにとっての現実はどうしようもないほどつらいものだった。苦しみは大きく、しかもそれは政楠のせいだった。いかに父親を愛していたとしても、いかに自分たちの不運を他人や外的な出来事に転嫁したとしても、この小さな長屋での暮らしが逼迫したものであることに変わりはなかった。子は親に従うべしという儒教的文化が、事態をさらに悪くしていた。

◉追い討ちをかける悲劇

下駄屋をしていた知人の援助を得た政楠は、和歌山市に下駄を売る小さな店を構えた。二一歳の伊三郎は、店を手伝うために卒業の一年前に中学校を辞めた。店の立地もよく、懸命に働いたにもかかわらず、商売ははかばかしくなかった。政楠は根っからの商売人ではなかったし、家族のだれもこの種の仕事をした経験がなかった。

いきおい日々の暮らしは暗いものになっていった。晩年の幸之助は、この時期にはいつも腹をすかしていたことを回想し、父親が硬貨に偽物が混じっていないか調べているところを見たことがあると語っている。

和歌山市での生活は滑り出しからして条件が良くなかったのに、それから二年半の間はますます困窮の度を深めた。一九〇〇年（明33）の秋、一八歳の八郎がある伝染病にかかった。もし家の凋落と社会的不運が家族を無力にさせなかったとしても、八郎を助けることはできなかった。どんなに手を尽くしても、彼の容態は良くならなかった。一〇月四日、皆から好かれた青年はこの世を去った。

喪失の悲しみは、わずか半年後に忌まわしい出来事が再び繰り返されては、なおのことつらい。今度は二一歳の房枝が病気になった。明治半ばの和歌山では、貧しい家庭に対する医療は整備されていなかったであろう。彼女が受けた治療がどのようなものだったにせよ、結果的にそれは役に立たなかった。一九〇一年（明34）四月一七日、房枝も八郎の後を追った。

この不幸にさらに追い討ちをかけるように、この年、小さな下駄屋は立ち行かなくなり、閉店した。政楠は別の職を求めたが、成功しなかった。かろうじて残っていた自尊心も粉々に打ち砕かれた。長男の伊三郎が新しく設立されたばかりの和歌山紡績で事務職を得たが、このささやかな好転の兆しも長くは続かなかった。

一九〇一年の夏、頼りにしているこの長男が風邪をこじらせた。両親は必死で看病したが、病状は悪化の一途をたどった。二人の努力もむなしく、二四歳の伊三郎はまったく回復の兆しを見せなかった。八月二二日、ついに彼は八郎の死から一年も経たないうちに家族の三番目の犠牲者となった。当時の日本人の平均寿命は現在に比べてはるかに短かった。とはいえ、立て続けに二人の子供を亡くしたあとだけに、伊三郎の死は予想外であると同時にとりわけ悲痛なものだった。

三人の死は、この家族が受けた精神的外傷《トラウマ》に大きく関係しているだろう。だが、今日の私たちが考える因果関係と、一〇〇年前の日本人が感じる因果関係は違う。封建社会で生きる人々は往々にして迷信家である。一九〇一年の夏を経験した松下家の人々が、だれかが自分たちに呪いをかけていると信じたとしても不思議ではない。

政楠ととく枝は度重なる悲劇に打ちのめされていた。「ほとんど克服できないような貧困のどん底で三人の子供を失ったことで、私の両親は精神的にも経済的にも大きな打撃を被っていました★」。強烈なイメージが幼い幸之助の心に永遠に刻まれることになった。晩年になって彼はこう書いている。「やつれ果てた母の顔と疲労に押し潰された肩は、なおも痛ましいほど生々しく私の記憶に残っています★」。

日本の封建的文化においては、息子は娘よりもはるかに偉く、長男は最も重要な存在だった。長男は家の伝統を受け継ぎ、祖先と未来をつなぐ絆だった。幸之助が伊三郎の死後、事実上の長男になると、当然のごとく家族の関心は彼に集中した。「このような苦難にもかかわらず、両親は私を溺愛し、一人だけ残った息子にすべての希望を託しているように見えました★」。

人は精神的な打撃を受けると、だれかに「すべての希望を託す」ものであり、その荷は重くなりがちだ。成功という夢が大きすぎて、そのため幸之助は癇癪《かんしゃく》を起こすこともあった。幸之助は、喪失に伴う悲しみ、怒り、不安、抑鬱などの感情の吐き出し方に、日頃から一家の富と名誉の回復を口にする子煩悩な両親の影響を受けたのである。

◉ 少年時代の束の間の幸せ

このような動揺のなか、一九〇一年（明34）に幸之助は学校教育を受けるようになった。学校時代の友人田村孫兵衛は、子供の頃の幸之助を優しく内気な少年だったと述懐している。学業成績はごく平均的で、一〇〇人の生徒のうち四五番目だった。後年、幸之助は自分から進んで、良い生徒ではなかったと認めている。

その自伝で初期の教育に触れて、幸之助は屈辱と最愛の師について語っている。屈辱は彼の置かれた経済的環境に由来するものだった。学校で式典が催される際、当時の小学生は小倉織の袴をはくのが習慣だった。幸之助に小倉の袴を買ってやる金がないとく枝は、一部絹でできた松下家に伝わる古い袴を着せてやった。日本ではどこの子供でもそうだが、幸之助は同級生と身なりを合わせたかった。生来の傷つきやすさからこの要求はいっそう激しくなったのだろう。絹の袴はあまりにも目立ったので、とく枝にこんな風変わりな袴をはくのは嫌だと駄々をこねた。とく枝がどんな気持ちになったかは想像にかたくない。

最愛の師というのは村上先生である。「とても優しく親切な先生で、よく生徒を自宅に招いてくれた」と幸之助は書いている。先生の自宅で、幸之助少年は将棋の指し方を教わった。「そこでよく友達と将棋をしましたが、私が勝った時に村上先生が誉めてくれるのがとてもうれしかったことを憶えています★」。満足感を与えてくれるものがほとんどない世界にあって、将棋で勝ち、信頼のおける大人の男性から認められることは、幸之助にとって特別の意味を持つ出来事だった。後年、幸之助は村上先生の家と庭が幼い日々の数少ない喜びの場所であったことを述懐している。「秋になると蜜柑《みかん》の木に登り金色に輝くみずみずしい蜜柑をもいだものでした。そこは子供たちにとって理想の場所であり、暗くなるまで遊んでいたものです★」。

一九〇三年（明36）には、政楠はすでに職探しのために和歌山を出て大阪に行っており、家にはいなかった。ほぼ九〇万の人口を有するその大都市には雇用の機会がはるかに多かったからである。おそらく家計の逼迫も家を出る別の要因としてあっただろう。大阪に出ると、政楠は新しく設立された盲唖《もうあ》学校で事務職を得た。給料はさほど多くはなかったが、最低限の家計の足しにはなった。

幼い幸之助にとって学校がおもしろくなっていくのと同時に家の収入が増え、生活は以前ほどつらいものではなくなった。彼は和歌山城の石垣の上で遊び、紀ノ川で小エビをとり、村上先生の家を訪れた。自宅の長屋に住む家族は六人だけになり、狭苦しさが軽減された。四歳までの快適な生活とは比べものにならないが、それでも暮らし向きは以前より先の見通しが立つ状態になった。こういう状況では、先の見通しが立つということ自体、快適なことであった。

ところが、事態はまた一変する。

◉ 九歳の丁稚奉公

一九〇四年（明37）一一月中旬、とく枝は政楠から一通の手紙を受け取った。八幡《はちまん》筋で火鉢を扱っている商店が丁稚を必要としているという内容だった。「幸之助はもう四年生で小学校を卒業する。この機会をみすみす逃すわけにはいかない。すぐに幸之助を大阪に寄こせ★」。

幸之助は、この手紙に自分が最初どのような反応を示したのか思い出せないと語ったことがある。おそらく、それまで経験したことのない強い感情が彼を襲ったことであろう。

一一月二三日、とく枝は九歳の息子を紀之川駅に見送りに行った。小さな風呂敷包みを持った幸之助を列車に乗せると、隣の席に座っている人に、この子は大阪まで行って、そこで父親と会うことになっていますと説明した。乗客はそれまで子供を見ていてあげようと約束した。出発の時間が近づくと、とく枝は涙ながらに幸之助に注意を与え励ました。蒸気機関車が動き始めても、彼女はプラットホームに立ち尽くし、死なせずにすんだ一人息子を見送っていた。

たった二時間の旅が、幼い幸之助を新たな世界へと連れ出した。当時大阪は世界で一五番目に大きな都会であり、商人を育てる町だった。和歌山からこの大都会へ移り住むことは、アメリカで言えば中西部の小さな町からシカゴに出ることであり、ロシアの荒野からサンクト・ペテルブルクに出るのと同じことだった。幸之助は自分の人生が大きく変わると感じていたにちがいないが、おそらくこの先に何が待ち構えているかはわからなかっただろう。過去数世紀にわたって大都市に移ってきた何百万もの人々と同様、彼もまた多くの好機や偶然に出会い、より多くの快楽と危険に遭遇し、それまでより裕福にもなれば、辛酸もなめることになるだろう。

のちに書いた数々の本のなかで、幸之助は、列車の座席に座り、車窓に流れる風景を見つめていた時の悲しくみじめな思いを回想している。彼はまたもやなじみになった世界のすべてを捨てようとしていた。それは幼い身にとって恐ろしい出来事だったが、同時に彼はこの旅の間、大きな高揚感を感じてもいた。

子供はだれでも、自分に固有の経験から希望や恐れを育てていく。幼くしてドラマチックな現実を突きつけられ、とりわけ何度も喪失感を味わった幸之助の夢想と悪夢は人並み以上に強烈だったにちがいない。この九歳の少年にとっての大阪は、おびただしい職と家と店がある場所ではなかった。この大都市は、また別の危なっかしさと苦しみを象徴すると同時に、より良い生活の潜在的可能性と夢を実現させるための手段でもあった。

一家の経済的破綻、三人の兄姉の死、さまざまな混乱、耐えがたい屈辱、両親の溺愛があいまって、夢は強い情動を伴いながら大きく膨らんでいったにちがいない。

2 苦難を原動力とする

Growth Through Hardship

◉ 仕事こそ学びの場

幸之助が大阪の宮田火鉢店で働き始めた前年には、ライト兄弟がキティ・ホークで世界初の飛行に成功し、ヘンリー・フォードは自動車会社を設立していた。彼の親方の仕事は火鉢の製造販売だった。店主とその妻、他の三人の丁稚、そして幸之助の六人が、狭い店で商売をしながら暮らしていた。

少年が週に八〇時間から九〇時間も働き、両親ではなく雇用主と一緒に暮らすという労働環境は、今日の感覚からすればいかにも過酷である。しかし一〇〇年前の大阪では、丁稚奉公は仕事を覚え、生活を向上させるためのまたとない機会と見なされていた。

幸之助にとって、思春期は過酷な年月であると同時にさらに成長する基盤を与えてくれた年月だった。期待と不安に注がれたエネルギーは、何とか自己成長の手段としてこの境遇を利用するよう彼の背中を押した。幸之助の一生を通じて繰り返されるパターンとして、彼は、人を消耗させてしまうような苦難を学習の源泉に変え、最終的には彼の成功の背後に潜む原動力へと変化させていったのである。

大阪での最初の数週間、彼の仕事は、親方の子供の子守、使い走り、家や店の掃除などの家事手伝いだった。徐々に幸之助は、本業に関係はするがそれほど技術を必要としない仕事、主に製品の仕上げ作業を受け持つようになった。仕事は時に体力的にきつかった。「注文を受けた製品の程度に応じて、何種類かの磨き方がありました。ごく一般の火鉢は紙やすりでこすってから、トクサで磨き上げる。最高級品になると、このざらざらしたトクサで磨く作業に丸一日かかることもあり、まだやわらかい子供の手はすっかり擦りむけてはれ上がってしまいました」。

その労働の見返りに、彼は住まいと食事を与えられ、毎月二回、五銭の給金が出た。一九〇四年（明37）の一〇銭は、おそらく今日の一ドルにも相当しない（当時、東京帝国大学の工学系の卒業生の初任給は月に五〇円、幸之助の現金収入の五〇〇倍だった）。現在ならただ働き同然の賃金であったにもかかわらず、幸之助は和歌山での貧困状態と比較して、現金収入それ自体が大金のように感じられたと言っている。「それまでは五銭の金さえ手にしたことがありませんでした。家にいた時……時々母親からもらっていたのは一厘銭でした。……五銭は一厘の五〇倍です。こんなに大金をもらって、びっくりしました」。

二一世紀の先進国と比べると、幸之助の生活は貧しすぎるように見える。友人もなく、学校にも行けず、遊ぶものすらなく、貴重な自由時間などほとんどない。何よりも、母がいなかった。のちに書物や講演で幸之助が回想する当時の苦しさは、仕事のつらさや懐の寒さよりも、孤独感と結びついている。彼は母が恋しくてたまらなかったと言っている。夜、床に入ると、どうしても涙が出てきてしまうのだった。

幸之助が火鉢店で働いたのはたった三カ月だった。店主は小売販売をやめて、製造に本腰を入れるために、地価の安い場所へと移る決心をした。店をたたむに伴い、四人も丁稚は必要なくなった。信じられないことに、幸之助はまたもや居場所を失ったのである。

父親はすぐ彼に別の職を探してきた。今度は新たに開店した自転車店だった。店主兼親方は五代音吉といい、父政楠が勤める学校の創立者の弟で、自身も丁稚だったことのある人物だった。

当時の日本では、自転車は比較的新しい消費財だった。アメリカやイギリスで製造され、一〇〇円から一五〇円という小売価格で販売されていたので（今なら一〇〇万円を超える）、一般大衆には手が届かず、もっぱら裕福な家庭の子息が買い求める新製品だった。

店は大阪の商業の中心地、船場《せんば》にあった。幸之助の仕事は初めのうちは、火鉢店と同じように、家事や熟練を必要としない雑用に限られていた。仕事は延々と続き、休日はほとんどなかった。彼は床を掃いたり、陳列されている製品に気を配り、親方を手伝って旋盤を回したりした。

当時は珍しくなかったが、日常生活は今日の基準から見れば質素だった。「食事は主に米と野菜でした。朝はご飯に大根あるいは漬け物、昼はご飯と野菜の煮物、晩はまたご飯と漬け物。魚は月に二度、朔日《ついたち》と一五日の昼に出るだけ……。贅沢とは縁のない生活でした★」。

一週間休みなく働いた。仕事が休みになるのは、元旦と盆の間だけだった。五代は頑固な親方で、怠慢は許されなかったが、丁稚たちに対して雇用主としてよりも厳格な父親として振る舞った。親方は少年たちを監督し、指導し、よく面倒を見た。

四歳から一〇歳まで続いた幸之助の不安定な生活は自転車店で終止符を打った。彼は船場の五代自転車商会で六年近く住み込みで働いた。この時期はどこから見ても過酷な生活だったが、その後の展開から考えると、ここにも学ぶことはたくさんあったことがわかる。自転車店での教育は、原価、客、商取引が中心の徹底した実践であり、歴史や文学、言語、芸術ではなかった。それよりもっと重要なのは、そうした修業が、強烈だがまだ漠然とした夢と希望を実現するためには自分のエネルギーをどこにどのように注げばよいか、を教えてくれたことだろう。

◉ 逆境のあとの歓喜

晩年の三〇年間、幸之助は小さな書斎がいっぱいになるほど本を書いた。だが、これら山ほどの文章には自分の幼年期について触れた箇所は実に少ない。本書を書くにあたって接触のあった十数人ほどの仕事関連の知人たちも、幸之助が自分の幼少期について語ったのをほとんど聞いたことがないと言う。娘婿の松下正治でさえ、義父が当時のことを語るのはまれだったと言い、「思い出すのもつらかったのでしょう」と語っている。

幸之助があえて書くことにした丁稚時代の数少ないエピソードはどれも苦あれば楽ありといったものである。そこには苦しみや犠牲だけでなく、成し遂げたことや影響されたこと、そして誉められたことなども含まれている。それらは彼が当時何を学んでいたのか、彼の思春期の心理がいかなるものであったのかを物語っている。

最も早い時期の回想は、火鉢店での短い勤めの間のものだ。幸之助によれば、親方の赤ん坊を背負いながら他の子供たちと独楽《こま》回しをして遊んでいた時、誤って赤ん坊を落っことしてしまったという。赤ん坊は大声で泣き騒ぎ、どんなになだめても泣きやもうとしない。すっかりあわてた幼い幸之助は近くの店に駆け込んで饅頭《まんじゅう》を買い、それを赤ん坊にあてがった。首尾よく赤ん坊は泣きやんだものの、この成功は高くついた。彼が駆け込んだのは高級店で、饅頭は一銭という、三日分の賃金に相当する値段だった。家に戻って、この出来事を隠さず親方に話すと、親方は幸之助を思いやって叱らなかった。だが、親方が丁稚に与えたのは思いやりだけだった。幸之助は使った三日分の賃金を後から支払ってはもらえなかった。

第二のエピソードは、自転車店に勤めて間もない頃のことである。一九〇六年（明39)、幸之助は地元大手の大阪新聞がスポンサーになっている競輪に出ようと決心した。彼は夜明け前から起きて、大阪市の南部に位置する住吉《すみよし》レース場のトラックで他の出場者とともに練習に励んだ。

懸命に練習し、二、三度は勝ったものの、思ったほどの成績は残せなかった。堺でのレースの事故で鎖骨を折ってから、幸之助は競輪をあきらめた。

この時期のもう一つのエピソードには一人の丁稚がからんでいる。一九〇七年（明40）前後のことだ。幸之助は、日中は自転車の修理に明け暮れ、夜は八時半から一〇時まで店番をしていた。その丁稚というのは、幸之助よりも若い五、六人のうちの一人であったらしい。幸之助の語るところによれば、「機転が利いて親方に可愛がられ、よく役に立つ少年でした。……ところがどういうわけか、店の商品を盗み、それを勝手に売りさばいて小遣いを稼いでいたのです。これが発覚した時、親方は悩んだようでしたが、その少年が賢く、店にとっても便利だったので今回だけは許してやろうと思ったようです。親方は少年を厳しく叱りつけはしましたが、仕事は続けさせてやることにしました★」。

幸之助は、五代が泥棒したその少年をクビにしないと聞いて憤慨した。「義憤にかられた私は親方のところに行ってこう言いました。〝クビにしないと聞いてとても残念です。自分はこんな不正を働く男と一緒に仕事をしたくはありません。あの男をこのまま働かせるのであれば、自分はすぐにもお暇をちょうだいします★〟」。

この種の直談判は日本では珍しいことだったので、「親方は途方に暮れた」という。その後どうなったか記録は残っていないが、幸之助は、五代が結局はその丁稚を解雇したと述べている。

丁稚時代の第四のエピソードは、若かった幸之助が初めて自転車を売った時の話である。一五歳の幸之助は、日頃から番頭を手伝い、買ってくれそうな客への商品説明に立ち会っていた。ある日、近くの蚊帳《かや》問屋から電話が入った。問屋の主人鉄川氏が自転車を見たいという。番頭は留守のうえ、鉄川氏が急いでいるようだったので、幸之助が代わりに行かされることになった。

蚊帳問屋に着くと、幸之助は元気いっぱい自転車を売り込んだ。まだ説明が終わらないうちに、蚊帳問屋の主人は話をさえぎった。「鉄川さんは私の頭に手を置いて、〝わかった、その自転車を買うことにしよう、ただし一割引いておけ〟と言いました★」。

今なら一〇〇万円を超える商品の一割とは相当な額である。幸之助は五代が五分《ぶ》以上はけっして値引きしないことを知っていたが、値引きの件を親方に伝えると鉄川氏に答えた。「店に帰って、鉄川さんが自転車を買うと言っているが一割の値引きを要求していると話すと、親方は〝それでは話にならない。先方に値引きは五分《ぶ》だけだと言ってこい〟と言いました。しかし、私は自分の力で自転車を一台売ったことに興奮していたので、そんな返事をもって行く気にはまるでなれなかった。そこで親方に、どうか一割引きを受け入れてくれと泣きながら懇願したのでした。これには親方もあきれて、ついには〝だれが親方だと思っているんだ。分《ぶん》をわきまえろ〟と怒鳴られましたが、私は泣き続けました★」。

鉄川の従業員が店にやってきて、どうしてこんなに時間がかかっているのかと尋ねたので、五代は事情を説明した。幸之助の回想によれば、彼の粘りとひたむきさに従業員は感動したようだったという。その従業員が問屋に戻って鉄川に幸之助と五代のやりとりを告げると、鉄川は自分の言い分を引っ込めて、五分引きで自転車を買うことにしてくれた。幸之助はそれを聞いて、「天にも昇る心地」になった。

この丁稚時代の四つのエピソードは、幸之助の波乱の人生に照らしてみると、ことさら驚くべきものではない。賃金の弁済や泥棒の解雇、あるいは値引きに応じないうるさい親方との確執がここにはある。多くの損失、たとえば賃金、競輪、盗みによる損失がある。自分の地位を向上させるための懸命の努力――競輪への出場、自転車販売、不心得な同僚の排斥――がある。

さらに将来との関連で言えば、あえてリスクを取ることでよりうまくいくというパターンが語られている。第一のエピソードでは、現状打破の試みから半々の結果が生じている。子供の機嫌は直ったが、金を損した。最後のエピソードでは、一割引きという前例のない値引きによって商談が成立し、天にも昇る心地になった。苦難続きのあとだけに、それはとりわけ快かっただろう。

◉ 二つの顔を持つ父

一九〇五年（明38）、幸之助が一一歳になった年に、母親と姉たちが和歌山市から大阪市の北部に移ってきた。幸之助はまだ自転車店の住み込みだったが、これで以前より頻繁に家族と会えるようになった。

姉の一人が大阪貯金局に計算事務の職を得たので、彼女と母のとく枝は一家の末息子をなんとかつらい丁稚奉公から解放してやろうと算段し始めた。二人は幸之助を事務職に就かせて、一緒に暮らし、夜学に通わせてやりたいと思った。その考えを本人に伝えると彼は「大喜び」した。幸之助がこの計画に乗ってきたので、とく枝は夫に打ち明けた。だが政楠は言下にはねつけた。

父は息子に、このまま丁稚を続けていれば、いつかは小さな店を持てるのだからと断固として言った。政楠は独り立ちして商売するのは大いに価値のあることだと主張した。たしかに学校に戻ることはできなくなるが、大局的な見地からすればどうということはない。実業家として成功すれば学校教育を受けた者を自分の配下に雇い入れることができる。だが事務職に就けば、そこそこ安楽な暮らしは送れるだろうが、将来の可能性は小さくなる。父はそう語った。

幸之助がどの程度父と話し合おうとしたか、記録は残っていない。政楠の考えを変えさせようとしたかもしれないが、いずれにせよ成功しなかった。一家を破産に追い込み、息子を貧しさに追いやった男が、今度は彼を学校からも、母親からも、より楽な仕事からも遠ざけた。

当時、松下家の家長はあいかわらずぱっとしない境遇に甘んじていた。障害者のための学校で薄給をとり、妻が大阪に出てきても、同居していなかった。それどころか、またもや先物相場に手を出して損失を取り戻そうとしたので、家計は逼迫した。

政楠の問題は、一九〇六年（明39）、次々と襲う不幸のなかでついに終止符を打った。その年の四月、一八歳の四女ハナがこの世を去った。松下家にとって子供を失うのはこれで四度目だった。深い悲しみに追い討ちをかけるように、わずか一カ月後に三女チヨが逝った。享年二一だった。それから四カ月後の九月、今度は五一歳の父政楠が職場で病に倒れ、ハナやチヨの後を追うように間もなく世を去った。

こうした不幸が続き、経済的困窮と個人的な理由が重なって、母とく枝と五女あいは和歌山に帰った。幸之助は二人についていかず、自転車店で丁稚奉公を続けた。

幸之助は父に対する感情についてほとんど語らず、書き残してもいない。二人の関係は複雑で葛藤の多いものだったにちがいない。自伝では次のように言っている。「父が故郷の村ではどれだけ尊敬を受けていたかを思い……、そしてわが家がかつてはどれだけ名家であったかを思うにつけ、父の生涯はいっそう哀れに思えてきます。しかし、その数々の過ちや思い違いにもかかわらず、父の助言と励ましは今もなお仕事のうえで役立っているし、父のことを思うと、ますますその期待に沿うような生き方をしたいという思いが募るのです★」。

幸之助にとって政楠は、最愛の父であると同時に家庭を崩壊させた疫病神であり、未来への原動力であると同時に現在の痛苦の原因でもあり、力強いと同時に悲劇的な人物でもあった。子供にとって、このような父は時にきわめて悩ましい存在だったにちがいない。

◉丁稚生活との訣別

幸之助は一五歳まで自転車店で働いたが、それまでの彼の人生のほぼ半分を過ごした店を辞める決意をした。

人口密度の高い日本では、人間関係と他者への気遣いを著しく研ぎすました社会を形成してきた（一九〇〇年頃の居住可能地域の人口密度は、アメリカを一とした場合、日本は三二・一と高かった。ちなみにフランス六・六、ドイツ一四である）。加えて世紀の変わり目の日本では、いまだ封建的傾向が色濃く残っており、同時にそれが人間関係の固定化にもつながっていた。その結果、日本における自発的な転職は他の多くの国よりも少なかった。現在、それは変わりつつあるとはいえ、日本の会社員は今もなお会社を移りたがらない。若者でさえ、雇用者への義理と彼らの面目を潰すのではないかという危惧があって、三割の昇給であっても転職を断るほどだ。

一九〇九年（明42）には第二次大戦以後に見られるような従業員の忠誠心はまだ少なかった。依然として、幸之助のような境遇にある者のほとんどが、丁稚を終えたら自分も親方になりたいと願っていた。しかし、幸之助はそれとは異なった道を選んだ。[*1]

店は繁盛していた。とりわけ価格が下がるにつれて、商品に人気が出てきた。五代はきわめて客中心の商人だったので、店は小規模な小売業から規模の大きい事業へと発展していった。この時期、大阪には全市街に市電が敷設されようとしていた。梅田の中央駅と大阪港とを結ぶ築港線が完成すると、幸之助は自転車の将来に疑問を感じ始めた。同時に電気の可能性に魅力を感じた。

当時、ヨーロッパはやみくもに大戦争に向かって突き進んでいた。アメリカではウィリアム・ハワード・タフトが大統領になり、ロバート・ピアリーとマシュー・ヘンソンの二人の冒険家が北極点に到達して英雄扱いされていた。日本では、経済が封建制から近代資本主義へと急速に変化を続けていた。市電はこの大規模な変革の一つの徴候にすぎない。

一九〇九年（明42）、幸之助は義理の兄に、どこかの電灯会社に就職できないかと相談を持ちかけた。そういう職なら比較的簡単に得ることができると聞いた幸之助は、丁稚生活を辞め、新たな可能性を求めることにした。

幸之助によれば、機会を見つけては五代に自分の今後の計画を説明しようとしたが、いつも衝突を恐れて決心がつかなかったという。親方は六年近くもの間、父親と先生のような役割を果たしていた人だった。こういう事情であれば、人間関係を重視する文化環境になくても、会話の機会を見つけるのは難しいことだったろう。幸之助は後ろめたさを感じて、結局五代と直接話すのを断念してしまった。その代わり彼は、アメリカならば笑い物になりそうだが衝突を好まない日本ではそうとは言えない方法で、この問題を解決することにした。母が病気で倒れたので家に帰ってきてほしいという嘘の電報を自分宛てに打ったのである。この策略が功を奏した。親方は「ここで六年近く働いてくれたのだから、辞めるというのならそれを引き止める理由は何もない」と

＊1－1
境遇こそ異なるが、盛田昭夫も同じだった。彼は長男だった。当時の日本では、こういう境遇にある者のほとんどが、義務の感覚から代々の家業を継ぐのがふつうだった。盛田は父親の承諾を得たうえでそれを退け、ソニーの設立に加わった。

優しく答えた★。この言葉で若き幸之助は動き出した。

五代の下に留まっていれば、やがて自分で店を構え、平均よりはややましな中流の生活に落ち着いていただろう。だが、そんな未来図には満足できなかった。さらなる発展を求めて、父親代わりの人物と袂《たもと》を分かち、はるかに未知の航海に船出したのだった。

◉私を殺さぬものは私を強くする

大きな成功を収めた人の人生には、ある共通性がある。いずれも苦労を重ね、それを成長の足がかりにしているということである。幸之助の場合もこの例に漏れない。彼と同世代の人々は往々にして苦労をしているが、ただ、一八九九年（明32）から彼が直面した家庭の不幸はその時代の典型とは言えない。四歳で貧困に投げ出され、五歳で兄を亡くし、六歳でさらに二人の兄姉を亡くし、九歳で母と別れざるをえなかった。これらの事件は、悲しみ、怒り、屈辱など激しい感情を引き起こしたことだろう。両親がこういう感情を助長したとなれば、彼がより良い未来への夢を膨らませ始めたとしても不思議ではない。

さらにこの野心は、厳しい丁稚体験を糧とする力となった。親方の励ましと支援、そして親許から離されたことを通じて、幸之助は事業とは何かについて、つまり、商品を企画すること、人を動かすこと、利益を上げること、販売すること、などを学んでいったのだった。彼は若いうちから独立心を養い、危険を恐れない気概を養っていったのである。そして何よりも彼が学んだのは、困難な時にどう対処し、そこから何を得るかということだっただろう。

ニーチェは「私を殺さぬものは私を強くする」と述べている。幸之助ならきっと、このいささか残酷な言葉が自分の人生に、とりわけ一八九九年（明32）から一九一〇年（明43）にかけての時期にふさわしいと思ったにちがいない。この時期、家族の半分が死んだのだ。だが、末っ子だけは強く成長したようである。おそらくは、予想以上にずっと強く。

3 新興産業との出会い
Responsibility and Exposure at an Early Age

◉ 見習工から配線工へ

ある知人によれば、五代商店を辞めてすぐに、大阪電燈が雇ってくれるはずだったという。しかし、幸之助が働き口を問い合わせると、すぐには欠員が出ないと言う。手持ちの金がほとんどなかったので、義兄が現場監督として雇われていた新興企業の桜セメントに臨時の職を得た。桜セメントでの仕事には、セメントの粉をシャベルでトロッコに積み入れ、それからトロッコを押して建設現場へ運ぶという作業が含まれていた。この仕事は、ある意味で幸之助がそれまで経験したことのない、肉体の力を要求される仕事だった。

三カ月後の一九一〇年（明43）一〇月二一日、大阪電燈幸町営業所の内線係（屋内配線部署）に空きができたという知らせを受けて、幸之助はすぐに応募し、彼が「電気事業」と呼んでいた仕事に就いた。多くの著名な企業家と同様、彼もまた因習的な職業から抜け出て、まだ伸び盛りで変化しつつある産業に飛び込んだのだった。

こういう行動に伴うリスクは今も昔も変わらない。若い産業では多くの会社が失敗する。しかし、成功するチャンスもまた多い。金の面でも昇進の面でもそうだし、何よりもこの種の挑戦はその人の成長を促す。

一八世紀から一九世紀にかけて何百という科学者たちが、電気産業が登場する舞台を整えた。その事業化の先駆けはトーマス・エジソンだろう。一八七九年、彼は白熱電球を発明し、一八八一年にはニューヨーク市に世界初の発電所と給電システムを建設した。

幸之助が一九一〇年（明43）に大阪電燈に勤め始めた時、生まれたばかりのこの産業は驚きと不安に満ちたものだった。「電気は一般に電灯の形でしか知られておらず、ほとんどの人が電力にかなりの恐れを抱いており、ちょっと触れただけでも死んでしまうと信じていました。それは専門家だけが操れるものであり、電気会社から派遣された一介の修理工でさえ神秘的な力に精通している技術者として尊敬されていました★」。

最初に彼に割り当てられた職務は、事業所や家庭に電灯を取りつける際の屋内配線工事の見習工だった。平素は朝早くから仕事を始め、五つか六つの現場を回って、午後遅くに事務所に戻ってくる。幸之助の仕事は、工具や取付器具を積んだ二輪車を引いて、頼まれれば手伝うことであり、数週間の見習い期間の後、一人で単純な配線工事を任せられるようになった。初任給は月一円だった。

大阪電燈は当時伸び盛りの新興企業だったので、有能でやる気のある従業員はすぐに昇進の機会が与えられた。三カ月も経つと、幸之助は新たに開業した高津《たかつ》営業所に転勤を命じられ、見習工から職工へと昇格し、給料もかなり上がった。

管理職や事務職に比べると、彼の仕事ははるかに肉体労働の多い仕事だった。作業員は屋根から家の中に電線を引き込むと、天井にソケットを取りつけ、それから電灯を差し込む。天候によっては、かなり難儀な仕事になることもあった。「寒風が吹きつけるなか、電柱によじ登らなければならないこともたびたびありました。焼けつくような日差しの下で、熱い屋根の上で作業することもありました★」。

産業自体が若く、また任務も多様であったので、この仕事には知的な意欲をかき立てる面もあった。電気工事は現在のように専門業者による許可制ではなかったし、配線工事の作業の基礎となる技術や設備はまだ開発されていなかった。危険もまた大きかった。注意を怠ると、作業員が死亡することさえあった。

その仕事を通じて、彼は大都市の多様な生活を垣間見ることができた。大小さまざまな工場に出入りし、店の配線工事に出かけ、大阪中の家々に行った。その過程で、幸之助はおびただしい数の人々に出会った。

一九一二年（大元）、幸之助は他の一四人の作業員とともに市外へ派遣され、しばらく宿屋に泊まり込んで仕事をしたことがある。出張でホテルに滞在することが当たり前の現在とは異なり、当時このような泊まりがけの仕事は、とりわけ一〇代の青年たちにとっては異例なことだった。

また、芝居小屋を映画館に改装するための配線工事に加わったこともある。一九一二年、大阪の繁華街「新世界」に、パリのエッフェル塔をモデルに建てられた通天閣でも仕事をしている。事業で財をなした人の邸宅の配線工事もした。

全般的に、大阪電燈に勤めた当初は仕事が有益に思えたが、退屈でおもしろくないことも多かった。「ビルの設計が斬新だったり、取付作業がとりわけ難しかったりすると、仕事は意欲をかき立てるものとなりました。仕事の腕前もかなり上がり、お客さんに誉められて気をよくしたこともたびたびありました。しかし、仕事の大半は単純作業でしたし、文句を言う客や、やたらと横柄な客もいました★」。

◉ あきらめた卒業証書

幸之助は、大阪電燈の同僚金山一郎の家に下宿していた。部屋代と食事代で給料の半分がなくなったが、一郎の母親の面倒見がよかったので、暮らしやすかった。幸之助はのちにこう語っている。「金山家での暮らしはとても気楽でした。職場の同僚の家庭だったというだけでなく、おかみさんがとても親切に気づかってくれたからです」。

金山家に下宿していたもう一人の大阪電燈の同僚芦田が関西商工学校（現関西大倉高校）の夜間部予科に通っていた。芦田の例に刺激され、二度も中断させられた学業を受けられるという希望を抱いて、幸之助は一九一三年（大二）、関西商工学校夜間部予科に一八歳で入学した。しかし、二年も経たないうちに三八〇人中一七五番の成績で自分から本科を中退してしまった。

幸之助は学業での失敗を、字がすばやく書けなかったせいにしている。このエピソードを記した後年の文章には、行間に苦い思いがにじみ出ている。「予科で代数や物理や化学などの基礎知識を教わると、電気科の本科へと進みました。これから本格的に勉強ができると喜んだものの、その喜びも束の間でした。ほとんどの科目で、教師は教科書を使わず、学生たちは丹念に講義をノートに取っていましたが、私は書く能力がひどく劣っていたので、だんだんついていけなくなりました。仕事の面では同僚に引けを取らなかったし、実務訓練なら十分に積んできましたが、授業で十分にノートが取れるほど書く訓練はしてきませんでした。難しい熟語は省きながら、カナだけを使って懸命に頑張りましたが、すぐにつまずき、置いていかれました。ついにあきらめて、本科を卒業する前に退学しました★」。

大阪電燈時代の幸之助は、後に四つの産業（発電、電力供給、家電製品、産業向け電気製品）に発展し、結果として全世界で莫大な雇用を生み出すテクノロジーについて学んだ。しかし、教科書や講義から学んだことはほんのわずかでしかなかった。会社こそが学校であり、教師は同僚たちだった。

◉ 企業家を目指す

一六歳の時すでに幸之助は自分より三つか四つ年上の従業員を監督する立場にあった。彼の世代でこういう経験を持つ人は少ない。一九歳にもなると、かなりの規模の複雑なプロジェクトの運営を任されている。時には十数人の従業員が彼の監督下で働いていた。

千日前《せんにちまえ》の芦辺《あしべ》劇場の配線工事では、三つの職工グループを任される総責任者を務めている。芝居小屋を西洋風の映画館に改修する工事であったから、電気設備工事は他の建設業者や下請け業者と協調して進める必要があった。工期に間に合わせるために、部下の作業員を説得して、三日続けて徹夜させたこともあった。工事が無事終了した時には、自信が途方もなく大きくなったのを感じた。

こうして大きな仕事を任されるようになるにつれ、経済的に成功した人物と彼らが注文する贅沢の数々を直接目にする機会が増えていった。大阪屈指の綿糸卸業者である八木与三郎には、その邸宅で電気工事の際に会ったことがあるし、今世紀前半の日本の指導的実業家の一人である浅野総一郎が発注した建築物の工事も担当した。

大阪南部の歓楽街の演舞場建設工事に従事した時は、そこで演じられた日本舞踊の臨時照明係をやらされたこともあった。その演舞場で彼は富田屋の有名な芸妓八千代と出会っている。彼女

のパトロンが精糖会社の社長だと知ると、その美しく才能のある芸妓に「なおさらうっとりした」とも語っている。★

この時期、幸之助に、悲劇を回避するための、あるいは家の名誉を取り戻すための蓄財に対する漠然とした観念が芽生え、それらがあいまって、自分の力で基盤のしっかりした事業を展開したいという思いに傾いていったことは十分考えられる。かつては五代音吉のような、商店の親方が模範だったが、この頃には会社の社長に関心を寄せるようになっている。彼らの邸宅や愛人をその目で見、莫大な富についての話を聞き、成功した企業家が敬意をもって遇される様を目の当たりにした。それまで辛酸をなめてきた一〇代の少年にとって、これらの男たちはほとんど不死身に見えたにちがいない。

◉ 母の死と見合い結婚

一九一三年（大2）、幸之助が大阪電燈に入社して三年が経った時、母とく枝が亡くなった。享年五七だった。和佐村出身の一〇人家族のうち残ったのは、これで幸之助と二人の姉の三人になった。世を去った七人の平均年齢はわずか三〇歳だった。

母の死後、初めて結婚を考えるようになったと、のちに幸之助は語っている。当時は見合い結婚が当たり前であった。嫁探しをしてくれる両親もいなくなった今、彼は大阪に住んでいる姉を頼った。姉は嫁探しを引き受け、そして一九一五年（大4）の五月、いい人がいると幸之助に告げた。

その女性の名は井植《いうえ》むめの。兵庫県の淡路島に生まれ、農業と商店を兼業する家庭で三人の兄弟と四人の姉妹とともに育った。むめのは、幸之助の二倍にあたる八年の教育を受けていた。幸之助の姉と初めて会った時、むめのは大阪京町堀の商家で女中をしていた。

当時の習慣に従って、幸之助は見合いに応じたが、出会っても二人はほとんど相手を見ることもなく、一言も言葉を交わさなかった。姉と義兄に結婚を勧められ、幸之助は結婚を承諾した。結婚式は一九一五年九月四日に挙げた。新郎二〇歳、新婦――とは言ってもよくは知らない女性だが――一九歳だった。

二人は大阪市東成《ひがしなり》区猪飼野《いかいの》（現大阪市生野区）にある二部屋の長屋に移り住んだ。給料は月二〇円、支出は、家賃三円、米代三円、副食費四円、新聞雑誌代一円、銭湯代二円、電気・炭・薪代一円、小遣い二円、貯金二円、残りが二円だった。

当時撮影したむめのの写真を見ると、ほがらかそうだが毅然とした表情がうかがえる。意志が強くて勝ち気な彼女は、夫のやる気を削ぐような人物ではなく、どちらかと言えばむしろ煽るほうだった。

◉ ベンチャーへの滑走路

二年後、幸之助は昇進した。自転車店での厳しい修業が物を言った。新たな役職は、日に一五軒から二〇軒の配線現場を見回って、工事の進捗を検査する仕事だった。大阪電燈で検査員に抜擢された若手の一人として、社内での前途は有望に見えた。だがその半年後、彼は会社を辞した。

幸之助は七年間にわたる雇用者との関係を断ち切ったことについて、さまざまな理由を述べているが、いく分かは新たな役職に問題があったようだ。一日に三、四時間ほどの労働しか要求されない検査員の仕事に物足りなさを感じ、挑戦する意欲が削がれてしまったのである。

「だらだらした時間が多く、その間仲間とおしゃべりしたり、検査の帰りに店をのぞいてはひやかしたりしていました。仕事に張り合いがなく、むなしかった。ついにはこの仕事に嫌気がさし、職工の時に夢見ていたこの役職にすっかり幻滅してしまいました★」

この時期には健康状態も悪化していた。すでに彼は職工時代に病に冒されていたのである。浜寺《はまでら》（現堺市）の海水浴場での広告用イルミネーションの仕事から戻った時、血痰を吐いたことがあった。医者は「肺尖《はいせん》カタル」と診断した。当時、死の病だった結核の初期症状にかかっていたのである。病状は悪化しなかったものの、その後数年にわたって不調を繰り返した。

検査員に昇進したあと、再び健康問題が持ち上がった。慢性的な咳に悩み、夜は寝汗をかき、体重も減った。医者に診てもらうと、また軽い肺尖カタルにかかっているから安静が必要だと言われた。ひょっとしたら、兄や姉を死に追いやったような病に冒されているのではないかという恐れに悩まされた。「私は、結核にかかっていた……同僚からうつされたと信じるようになりました。当時の写真を見ると、以前よりやつれた青白い顔をしています★」。

休暇を延長することはできなかった。失業は無収入を意味する。なけなしの貯金と、わずかな行政からの援助があっても、給料がないということはすなわち食うに事欠くということだ。そこでやむなく、彼は検査員の職を続けることにした。だが、四、五時間の就業時間の後は、休む代わりにそれまで会社で使っていたものより優れた電灯ソケットを考案した。苦労の末に満足のいく結果が出たので、それを主任に話した。幸之助によれば、その上司は部下の提案にまったく関心を示さず、そのアイデアを他の同僚に見せようともしなかった。

明らかに不当な上司の対応に、彼は感情的な反発を覚えた。「あまりに悔しかったので、主任の前なのに涙を堪《こら》えることができませんでした」。

ずっと後になって、幸之助は自分が最初に改良したソケットに重大な欠陥を発見した。しかし当時は、上司の態度がひどく理不尽に思えたのだった★。

「主任の言ったことなど意に介せず、自分のソケットは優れている、少なくとも会社で現在使っているソケットよりも優れていると信じ込んでいましたので、自分が正しいことを証明したいという気持ちが強くなりました。仕事への幻滅とソケットに対する自信があいまって大きくなっていき、自分はどうすべきか、このままこんな仕事を続けていていいのだろうかと思い始めました。ついに私は会社を辞める決心をしました。自分でソケットを製造し、この会社に売らせてやろう。そうすれば主任が間違っていたことが証明できると、私は自分に言い聞かせました。気持ちに張りができると、体調が良くなりました★」

これと同じパターンは、ほぼ三〇年にわたって繰り返されている。若い青年としてはたいへんな出世をしたというのに、幸之助は病気になった。困難な挑戦や問題が生じてくると——この場合は自分のソケットに対する上司の拒否——回復するのである。

一九一七年（大6）六月一五日、辞表を書いて上司に提出した。上司は、早まったことはするなと言ったが、幸之助はかまわず新たな道に歩み出した。その五日後、彼は会社を去った。

選んだ道は平坦ではなかった。小規模で若い事業は往々にして挫折する。幸之助の場合がそうであるように、創業者にはほとんど資金がなく、縁故も少ないからだ。しかし、起業という挑戦がその人の運命を切り開き、現状打破のチャンスを与え、父親然とした上司のために働くのではなく、自分のために働く気概を与えてくれる。このような企業家精神こそ過去二世紀にわたって新たな経済的富を生み出してきた源泉であった。

この時幸之助はまだ二二歳だったが、すでに一三年間も家族から独立して生活してきた。若くして一三年もの実業経験を持っていたのである。商人の丁稚を務め、電灯会社では責任を負わされ、危険にさらされもした。

さまざまな意味で、幸之助の人生の第一段階は、一九一七年（大6）六月のこの日に終止符を打った。つらい幼少期や丁稚と職工の時代を卒業し、新たな方向へ一歩を踏み出した。生まれて初めて、親も親方も上司もいなくなった。少なくともしばらくの間は生活がきつくなるが、可能性がある以上、彼の意志がくじかれることはないだろう。

この頃までに幸之助は、困難を乗り越えればより強く成長できるということを知っていた。ほぼ二〇年、彼はそういう経験をし続けてきたからである。

第2章

MERCHANT ENTREPRENEUR : 1917-1931

◉

企業家の誕生

1917年（大正6）～1931年（昭和6）

1924年頃の松下電器工場風景。熟練工を目指すまだあどけない顔をした少年工員たち。奥窓際の右端に立つのが若社長の幸之助。

4 自分だけが信じる夢

Risk Taking, Perseverance, and the Launching of a Business

◉ 下町の長屋工場

日本窒素肥料の創設者野口遵《したがう》が一九〇六年（明39）に最初の会社を設立した時、東京帝国大学工学部卒業の肩書きと銀行家の友人からの一〇万円の融資があった。数年後さらに資金が必要になった時、日本郵船の取締役を務める親族の一人に頼ることもできたし、ほかにも有力な知り合いが何人もいた。豊田喜一郎が自動車製造に進出した時は、さらに多くの支援を受けている。彼が豊田家から受けた設立資本金は一〇〇万円にも達する。

松下幸之助が一九一七年（大6）に事業を始めた時、彼が持っていたのは大阪電燈の五カ月分の給料に相当する一〇〇円の貯金[*1]と四人の補佐役だけだった。四人とは、妻のむめの、電気技師として働いていた、大阪電燈時代の同僚で友人の林伊三郎、元同僚の森田延次郎、そして、むめのの一四歳の弟で、郷里の高等小学校を卒業したばかりの井植歳男《いうえとしお》だった。

五人のうち高等教育に相当するような教育を受けた者はだれもいなかった。新規事業の経験者もいなかった。金持ちもおらず、融資してくれるような知り合いもいなかった。そもそも、電灯のソケットの製造方法を知る者さえいなかった。

幸之助の「工場」は、猪飼野の二部屋の長屋に設けられた。幸之助とむめのの寝場所として二畳間の隅を残して部屋を改造した。収入もなく、ごく限られた資金だけを元手に、彼らは考案したソケットの製造に取り組んだ。製品内部に必要な絶縁材（煉物）が大きな問題となった。絶縁材の製造方法は今では周知のものだが、当時の大阪では企業秘密だった。

この技術的知識の不足を補うために、五人は休日もなしに長時間労働に励んだ。ほんのわずかの資金では、製造も困難を極めた。いくら作業を続けても絶縁材を作り出せず、それが何週間も続いたあとはとりわけ落胆した。

そこへようやく、ある友人から救いの手が差し伸べられた。幸之助はこう語っている。

「煉物を製造していた地元の工場に落ちている原料の破片をくすねてきては分析してみましたが、

＊2－1
幸之助によれば、その内訳は個人的な手持ちが二〇円、三三円二〇銭が退職手当、大阪電燈の毎月の給料から天引きされた積立金が四二円であったという。この小額の資本金を補うために、後年、幸之助は従業員の友人一人から一〇〇円を借りている。

役には立ちませんでした。そんな時、電燈会社の元同僚が煉物の製造方法を知っているという話を聞きました。どうやら彼は、大阪電燈を辞めて間もなく煉物を製造しようとしたが、成功しなかったらしい。どうしても製法を知りたくて、煉物の製造会社に職を求め、製法を覚えると退職した。そして煉物の製造に取りかかったが、事業はうまくいかずあきらめてしまったという。私たちが何をしようとしているのかを知ると、彼は喜んで自分の経験を語り、こちらに不足している基本的なノウハウを教えてくれました。こうして私たちは、ようやく次のステップに進む用意ができたのです★」

ソケットの他の部品については、たいした問題は起こらなかった。一九一七年（大6）一〇月の中旬、四カ月の悪戦苦闘の末、新製品の試作品が完成した。森田が製品見本を販売店に持っていくことになった。幸之助はどのくらい売ってもらえるかはわからなかったが、買ってくれそうな客から少しでも反応があれば、五人ともソケット作りに専念できると考えた。

森田は販売店を訪問して回ったが、冷たくあしらわれた。その不安は、今日新たな事業を始める時に感じるものと同じだろう——「業績が上がったら、また来なさい」「二、三カ月で潰れそうな危なっかしいところと取引はできない」「製品が一種類しかないのが問題だ。それぞれの製品を別々の業者から買いつけていたのでは商売にならない。もっと製品の数が増えてから来なさい」。一〇日ほどで森田が売ったソケットはたったの一〇〇個、売上げ合計は一〇円以下だった★。

最初の年で失敗してしまう製造業には、往々にして製品企画に欠陥があるとか、資金繰りがうまくいかないとか、流通の障害に出会うなどの原因がある。幸之助の事業にはこれら三つの要素がすべて絡み合っていた。新型ソケットという発想そのものが、創業の困難を乗り越えられるほど独創的ではなかったし、資金が不足していてはなおさらだった。

製品見本に対する反応がはかばかしくなかったので、森田と林は幸之助に対して、この新事業への疑問を口にするようになった。「いったいどうするつもりなんだと尋ねられました。この事態を打開する方法はあるのか。資金をどこから調達してくるつもりなのか。二人とも親しい友人だったし、給料のことで私を責めたことは一度もありませんが、彼らの懐はほとんど空っぽでした。もうこの商売はあきらめて、それぞれで生計を立てるようにしたほうがいいのではないかという意見が出ました。……私は今が一番大事な時だから辛抱してくれと懸命に説得しましたが、この商売を続けるための具体的な方策もなかったし、資金調達の道もなかったので、この主張ははなはだ説得力のないものでした★」。

家族を養う収入もなく、幸之助に見込みがないと悲観し始めていた森田と林は、他に職を見つけるため去っていった。一〇月末になると、五人で始めた小さな事業は三人となってしまった。

◉ 頭をもたげる不安

市場のはかばかしくない反応に加えて森田と林を失ったことは痛手だったし、この落ち込んだ状態を楽にしてくれるようなことは、翌月になっても起こるはずがなかった。どんなに努力してみても、幸之助は自分の起こした事業の問題を解決することはできなかった。販売店を開拓しようとしたが、なかなか現状を打開することができない。他の新製品を考えてもみたが、成功にはほど遠かった。

一一月の末になると、気が滅入るような疑念が頭をもたげてきた。この新事業の試みはばかげたことではないのか。経験も専門知識も金もないのに、どうして将来性のある事業を創造できると思い込んだのか。もしかすると大阪電燈に戻るべきではないのか。あそこではうまくやれたではないか。上司と感情的に衝突しただけで辞めてしまったのではないか。あるいは病気のせいで判断が狂ってしまったのではないか。いや、店を構えることならできるかもしれない。店の経営についてなら七年近くも勉強してきたではないか。自分の将来は電気製品を売る小さな店を持つことにあるのではないか。

恐れが疑心暗鬼にさらに拍車をかけた。父の場合、最初の大きな挫折がその後の長い転落の始まりだったではないか。これもまた運命なのか。自分もまた政楠のように苦しんで死ぬべく運命づけられているのではないか。

疑念や恐れが払拭されるような環境にはなかった。幸之助の店舗兼工場兼住まいは、今のアメリカで言えば郊外にある住居の、車二台が入るガレージより小さかったのだから——。

幸之助とむめのは現金を工面するために、衣服など身の回りのものを質に入れた。三人は破綻寸前の新事業を立て直すために必死になって働いた。幸之助はソケットの改良や別の製品の開発を試みた。歳男と二人でさらに多くの販売店を回った。むめのは二人を励ました。言うまでもなく三人の不安は計り知れなかった。しかし、幸之助はあきらめなかった。

◉ 碍盤と二灯用差込プラグ

この若い企業家に目をかけていた販売店が、取引先の一つの川北電気で、ある問題を抱えていることを知った。川北電気は、電気扇風機の碍盤《がいばん》に陶器の煉物を使うのをやめて石綿のようなさらに丈夫な煉物を使うことに決めたものの、材料の入手先がわからず頭を抱えていたのだ。一二月初め、販売店は幸之助を訪ねて、ソケットの仕事は脇に置いて一〇〇〇個の碍盤を作ってみないかと持ちかけた。幸之助は迷わずその話に乗った。

製造に必要な金型は地元の鍛冶屋が一週間で作った。見本の碍盤ができたので、幸之助はそれを販売店に見せ、製造の承諾を得た。そして、注文をすばやくこなせば、四〇〇〇や五〇〇〇の注文を取れるようになると教えられた。

翌日からは、ひたすら手作業が続いた。すぐに飽きてくるような仕事だった。単純作業が延々と繰り返される。しかし、幸之助と歳男とむめのは一日に一八時間、週七日働き、一二月の末までに注文をすべてこなした。その収入は一六〇円だった。仕入れの費用と金型代はその半分ですみ、かなりの手取りが残った。

この収入は二つの意味で大きかった。喉から手が出るほどほしかった現金が得られたこと、そして、この仕事には経済的見通しがあることが証明されたからだ。それよりも重要なことは顧客の満足が得られるかどうかだった。川北電気の経営者に十分に喜んでもらえなければ、二度と受注することも推薦を受けることもできなくなる。そうなれば零細企業はたちまち立ち行かなくなってしまうだろう。

反応は比較的早く出た。一九一八年（大7）一月の初め、幸之助は川北電気の経営者が製品を気に入っていることを聞いた。品質が良くて、納品がすばやいのが気に入られたのだった。その結果、二回目の注文が来た。今度は碍盤二〇〇〇個の製造だった。

記録によると、幸之助はこの最初の成功を祝う間もなく、すぐにもっと広い作業場を求めて動き出している。数週間後、二月に入ると、阪神電車の野田駅近くに手頃な二階建て住宅を見つけた。大阪市北区西野田（現福島区）大開《おおひらき》町にあるその家は、一階には三部屋、二階には二部屋あり、それまでの長屋の約三倍の広さだった。幸之助は大家と掛け合って、月一六円五〇銭の家賃で借りた。碍盤二〇〇〇個に対する収入の約五％に相当する額だった。

一九一八年（大7）三月七日、幸之助とむめのと歳男は新居に移った。一階の三間は作業場に当て、手動のプレス機二台が設置された。「工場」と呼ぶにはあまりに質素な設備ではあったが、それでも以前住んでいた場所よりははるかに改善され、ここに、松下電気器具製作所を創立した。[*2]

二月から三月にかけて、三人は碍盤と自分たちが開発したソケットの両方を製作するために長時間働き続けた。三番目の製品としてアタッチメント・プラグを選び、一九一八年春の終わり頃、幸之助は設計図を完成させ、製造に取りかかった。コストが低かったので、市価より三割安くプラグを売り出した。価格が安いので、徐々に販売店の間で評判が上がり、製品はよく売れた。三人で終日一二時間から一六時間働いても三種類の製品の注文には応じきれなくなり、幸之助はさらに従業員を雇うことにした。従業員が五人、六人、七人と増えていくにつれて、さらに生産性を上げ、コストを下げるために、初歩的な分業が導入された。幸之助は主に碍盤に専念した。歳男は材料の準備と部品製造に作業時間を振り分けた。新たに雇い入れた従業員は歳男の助手としてプラグを組み立てた。むめのは梱包を担当した。

松下電器の四番目の製品は、新考案の「二灯用差込プラグ」だった。一般家庭では各部屋に差込口が一つだけのプラグを取りつけていたので、二灯用差込プラグには人気が出た。幸之助が開発した製品は標準の製品の改良版で、これで特許を取るとすぐに製造を始めた。比較的短い期間で、この新製品はそれまでの三つの製品よりも売上げを伸ばした。

一九一八年の夏には、松下電器は従業員八人、製品数四つの会社に成長した。他の有名な企業

＊2-2
松下電器産業という社名が正式名称になるのは、一九二九年（昭4）に松下電器製作所と改称した後、会社が初めて株式会社組織になった一九三五年（昭10）のことである。

表2◉1918年の電気製品製造企業の売上高

（単位:百万ドル）

企業名	売上高
ゼネラル・エレクトリック	216.8
ウェスチングハウス	95.7
東京電気(現東芝)	14.8
松下電器	0.2

出典:松下電器産業社史関連資料

家の成功例に比べると、[*3] 幸之助の成長への積極的な努力にもかかわらず、この会社は依然として取るに足らないほど小さくもろく、ウサギというよりはカメの歩みに近い。しかし、当初の苦難を乗り越え、この会社には勢いがつき始めていた。

ウサギは注目を浴びようとするが、カメは違う。創業間もない松下電器は、大阪の小さな社会でしか知られていないことは事実だった。とはいえ、過去一世紀半の間に設立された他の大企業の多くがそうであるように、ゆっくりと静かに、少ない元手で出発することが、長い目で見れば障害になるとも言い切れない。あるいは、それと正反対だと言ったほうが正しいかもしれない。

◉事業の原型の確立

ある日のこと、吉田という卸問屋が、売れ行き好調の二灯用差込プラグの独占販売をさせてほしいと話を持ちかけてきた。交渉の結果、幸之助は生産量を増やすための三〇〇〇円の融資を条件に、独占販売権をその卸問屋に与えることにした。

従業員が増えるにつれて、大開町の工場もまた手狭になった。スペースを求めてまた引っ越しをする代わりに、一階の作業場に中二階を作った。いかにも見た目は奇妙だったが、むしろその節約ぶりが顧客を驚かせた。幸之助は「どうりで経費が安いわけだ」という声を何度も耳にした。

これとほぼ同時期、幸之助は住み込みの丁稚を雇い入れている。かつて自転車店で自分が経験したのと同じ取り決めを交わしたわけである。初期の記録によれば、幸之助は丁稚の少年たちに厳しく、しかし父親のような愛情をもって接したという。妻むめのは彼らの世話をし、母親代わりの存在となった。

製品の種類が増え、既存の製品売上げが順調に伸びた結果、一九一八年（大7）を通じて会社は順調に成長した。世界の大手エレクトロニクス企業に比べるとささやかな伸びだが、その年の秋には、二〇人以上の従業員を抱え、なおも拡大を続けた（表2参照）。

それだけでなく、松下電器の最初の一〇年を特徴づける原型が創業一年目にすでに確立されつ

＊2－3
野口遵の企業（本章七二ページを参照）の場合、創業一年を待たずに水力発電所を建設し、二年目の終わりには日本一のカーバイド生産企業になっている。アメリカの最近の例では、ピープル・エクスプレス航空は創業一年目をわずかに過ぎた時点で一〇〇人以上の従業員に増えたし、ペローのデータ・システムやバイオテクノロジー関連企業数社の場合も同様である。

つあった。新製品は競合製品を改良したもので、市価より安い価格で売り出し、長時間労働や極度の節約によって経常経費をぎりぎりに抑え低いコストを保つ、純資産を目減りさせない創造的な方法で融資を受ける、従業員を家族の一員として遇する、柔軟性と迅速さと新製品開発に重点を置く、などである。

この最初の一〇年に、松下幸之助は事業の基本を徹底的に学んだ。折に触れて彼はどんな仕事もこなし、時には人が最もやりたがらないような仕事もやった。多くの企業家がしばしばそうであるように、事業に関わるすべてをあらゆる角度から子細に点検した。それは時として単調極まりないことだったが、この経験が製品と生産と顧客と従業員についての直感的なセンスと、結局は最も有望であることが証明される将来性をもたらしたのである。

◉働く熱意だけが取柄の平凡な男

創業期の成功を説明しようとして、多くの評者が、幸之助の生来の資質をその理由に挙げてきた。それには、優れた商才、処世術、鋭い知性、カリスマ性などさまざまなものが含まれている。しかし、当時の幸之助をよく知る人は、そうは見ていない。後年、義弟の井植歳男はあるインタビューで、「若い頃の松下が傑出した人物だとか、非常に才能のある男だとか思ったことはない。ただ働く熱意だけは人並みはずれていた」と答えている。幸之助は食事中も仕事の話ばかりしていたから、何を食べているのかほとんどわかっていなかったのではないか、と井植は冗談交じりに語っている。

新たな企業を成功裏に立ち上げることは、一般に思われている以上に困難が伴う。気前のいい融資であるとか、要《かなめ》となる特許であるとか、有力な友人であるとか、技術的な成功であるとか、いろいろな要因が重なって、創業時の負担を軽くしてくれることもあるかもしれない。ところが松下電器の場合、これらのどの要因も見出すのは難しい。会社に関する初期の資料を読んでいると、幸之助の持っている顧客本位あるいは商売志向というものが、会社の発展を助けたというこ とがたしかに感じられる。同じことが質素倹約についても言える。顧客本位の考え方と同じように、これもまたおそらく丁稚時代に学んだものだった。それにも増して注目されるのは、勤勉と競争心、そして夢を実現させようとする強固な意志である。

やる気のない人間ならば、資金もなく体調不安をも抱えて、新たに事業を起こそうなどと思わなかったはずだ。意志の弱い人間なら、給料も払えないのに他人を巻き込むことを躊躇するだろう。あまり楽観的でない人なら、最初の製品が売れず、二人の創業仲間が去っていった時、すぐにあきらめたかもしれない。事業が軌道に乗れば、そこそこの生活と十数人の従業員で満足してしまう人がほとんどだろう。

この時点での幸之助は、おそらく恐怖から逃げると同時に、漠然とした夢を追いかけて走っている真っ最中だったろう。成功した多くの企業家と同じように、過去の経験によって一般の人よりも独立心が旺盛になっていた。彼はまた挑戦することも苦にしなかった。少なくともそれは彼自身が困難に直面し、それを乗り越えたからだ。そして何よりも勤勉であり、競争心があり、やる気に満ちあふれていた。希望と不安が入り混じった感情にたきつけられた野心は大きかった。その結果、やすやすとあきらめることはできず、ひたすら努力し、学び続けたのである。

◉ 肉親との最後の別れ

幸之助は初期の成功によって満足したり野心が減退したりするどころか、かえって意欲をかき立てられたようである。成功は自分が正しい道を歩んでいるという証拠であり、失敗は人生で味わわなければならない不可避の試練であると受け止められていた。

そして彼は苦しんだ。またもやである。井植によれば「そもそも体が弱く、しょっちゅう病気になっていました。あまりに考えすぎて不眠症になり、血圧も非常に高かった」という。松下幸之助自身は義弟と自分を比較して「井植はとても明るく精力的だったが、私のほうは神経質で不安症だった……」と語っている。この時期の記録は残っていないので、幸之助の正確な病状についてはほとんどわからない。多くの困難な仕事に挑戦しているために、その小さな肉体にストレスがのしかかっていたことは確かだろう。しかし、その過労に、怒りや恐怖や夢に関係した精神的な強いプレッシャーが加わっていたことは疑いない。

か弱さは哀れっぽく見えて、他人をあまりいい気分にさせないものだが、この和佐村出身の男にはそれとなく人を勇気づけるような雰囲気があった。おそらくそれは、人に自分より多く働くことを要求しなかったためでもあるだろうし、彼自身の暮らし振りが最も貧しい従業員と大差なかったためでもあるだろうし、事業を成功させるために献身しているように見えたためでもあるだろう。そしてまたこの間、幸之助は運命が自分の味方をしているという信念をいよいよ強くしていったようにも見受けられる。

幸之助は自伝のなかで、あやうく死にかけたいくつかの事故について語っている。会社を設立して間もなく自動車にはねられ、もう少しで市電にひき殺されそうになったこと、あるいは桜セメントで臨時に働いていた時、船から落ちて溺れそうになったことなどである。精神分析好きの人なら、その種の事故は深い抑鬱の徴候ではないかと考えるかもしれない。だが、幸之助はその後に書かれた著作のすべてで、これらのエピソードをそのようには解釈していない。

おそらく、何かの力が自分に代わって働いているという強い信念は、幸之助の家族に由来するものだろう。彼が会社を起こした時、両親と五人の兄姉はすでに死んでいた。そして一九一九年(大8)、すぐ上の姉あいが二八歳で逝き、その二年後、長姉イワが死んだ。享年四七だった。イワが亡くなった時、幸之助は二七歳だった。一〇人いた家族はたった一人になった。彼が唯一生き長らえたのである。

5 型破りの経営戦略
Unconventional Strategies

◉ 転機となった新工場設立

日本政府も、金融機関も、事業環境も、新規事業の急速な成長を後押しすることはなかった。経済は資本主義であったが、政治家や東京の官僚にコネのある大企業に有利な構造になっていた。

このような状況で小さな企業が発展を目指すなら、創造的にならざるをえない。大企業の人脈や資力もないのに、戦略だけを真似していたのでは早晩行き詰まってしまう。松下幸之助にとってこの現実が、現状に追従するのを潔しとしない性格と今にも爆発しそうな怒りとあいまって、巨大なライバルを打ち倒そうとする方向へと向かっていったのは自然な流れであった。

一九一九年（大8）から二一年にかけて事業が拡大していくにつれて、松下電器は新たに電気機器産業に参入してきた企業との競争に直面した。特殊な技術もなく、豊かな資産があるわけでもなく、強力な縁故があるわけでもない零細企業としては、奮闘を余儀なくされた。従業員を雇い入れるのでさえ一苦労だった。選択の幅を与えられたなら、人は好き好んで資金力の乏しい小規模な家族経営の会社に入ろうと思うわけがない。松下電器は電話や電柱広告を利用して求人活動をした。学歴のある人や経験豊富な人から反応がないと見ると、そうではない人を受け入れ、若い情熱や先入観のないことを強みに変えるべく努めた。

創業初期に彼が学んだことは、市場に出回っている商品よりもわずかばかり品質が良かったり値段が安かったりするだけでは、そう簡単に世間は注目してくれないということだった。自社開発のソケットがその格好の例だ。試行錯誤を通じて、幸之助は標準の製品よりも三〇％品質が良く、三〇％価格が安いものが理想の製品だと考えた。そのような製品なら、かなりの市場シェアを占めることができ、利益拡大にもつながる。

品質が抜群に良い、あるいは価格が安い新製品を開発するには、設計段階から独創性が要求された。当初は幸之助みずからが、ほとんどの発明を手がけた。会社が大きくなるにつれて少数の開発専門スタッフに任せたところ、彼らはごく限られた時間のなかで、客のニーズをつかんでそれを満たすべく工夫した。幸之助は、大規模な開発チームや長期にわたる開発サイクル、さらには基礎研究の類を避けた。資金が乏しかったこともあるが、官僚的な競合他社に対抗するためには、迅速さと低コストこそが有力な競争手段になると考えたからだろう。

新市場の発掘は、経営基盤の拡大につながった。このような動きは、すでに会社創立初期に現れていた。一九一九年（大8）、幸之助は東京を訪れ、流通関係への売り込みを始めている。首都の購買力に刺激され、一九二〇年（大9）には義弟の井植歳男を東京に派遣して事務所を開設した。井植は当時まだ一七歳の青年だったが、すでに幸之助の右腕になっていた。東京に出た井植は早稲田大学近くの学生下宿に一室を借り、顧客訪問に明け暮れた。

新製品開発と新市場開拓による事業拡大で、工場は再び生産力の限界に達した。景気はかなり後退していたが、幸い隣が空き家になったので、幸之助はその建物を借りて作業場を拡大した。新しい建物は理想的とは言えなかったが、広い割にかなり安いことが利点だった。

一九二一年（大10）の夏になると、生産能力を少しずつ増強していくのでは間に合わなくなった。もっと大きく、もっと設備の良い工場が必要だった。付近に手頃な土地が見つかったので、幸之助はみずから大まかな図面を引いて、建設業者に渡りをつけた。工事費の見積りが彼の予想を超えたため交渉は難航し、結局、建設業者が工事費を融資することで決着した。

八月に建設作業が始まり、翌年七月に竣工した。「新工場に対する期待がどれほど大きかったか、とても口では言えません」と幸之助はのちに語っている。「ある意味で、一八年間そのために働いてきた夢が実現するわけです。なにしろ九歳の時から丁稚奉公に出たのですから。……新工場は自分が一人前の実業家になる基礎になると思うと、工場の完成が近づくにつれて、自信も大きくなりました。工場の建設は……私の若い時代の一つの転機でした★」。

新しい工場はそれまでの四倍の広さがあった。当時の最新設備が整い、従業員も三〇名を超えた。イタリアでムッソリーニが政権を握り、南アイルランドが分離独立したその年、松下電器は日本の電気産業のなかで、小粒ながら勢いのある存在として頭角を現し始めたのである。

◉徹底した顧客志向

一九二二年（大11）までに、松下電器は毎月一つか二つの新商品を開発するほどになっていた。「品質が高く、しかも安い製品」というのが変わらぬ戦略だったが、それはけっして容易なことではなかった。営業地域も拡大を続けていた。名古屋に販売網を広げただけでなく、九州にも進出した。着実に成長を続けているとはいえ、松下電器は、日本の家電メーカーの最大手である東京電気（現東芝）に比べれば、何分の一かの規模でしかなかった。

一九一八年（大7）の春以降、松下電器の製品の売れ行きはおおむね良好だったが、市場をアッと言わせるような成功をまだ収めたわけではなかった。新工場という支えを得た幸之助は、より大きな可能性を模索した。そして一九二二年初頭、事業の基礎を築く製品を見出したのである。

当時、自転車用ランプの需要が大きくなりつつあったが、既存の製品にはどれも致命的な欠陥があった。蝋燭《ろうそく》を使った製品は風に弱かったし、アセチレンガスを使った製品は高価で、燃料の補給が面倒だった。電池式は二、三時間もすると電池を交換しなければならなかった。

幸之助は、自社で改良型を製作できるならば、電池式には見込みがあると確信した。構造が単純で簡単には壊れず、少なくとも電池が一〇時間くらいはもつ経済的なランプが望ましい。当初は、懐中電灯のような直列つなぎにしなければならないと思い込んでいたが、改良型の開発が進むにつれて、これが最大の障害になることがわかった。三、四カ月の苦労の末、電源部分を工夫すれば、従来型とは根本的に違う新しい構造設計が可能になることに気づき、半年間一〇〇種類以上もの試作品を検討した結果、きわめて魅力に富む砲弾型のランプを考案した。

その後、一二〇から一三〇ミリアンペア程度の電流で点灯する小型電球が市場に出回ると、開発にはさらに拍車がかかった。「それまでの電球が四〇〇から五〇〇ミリアンペアの電流を必要としていたことを思えば、これは途方もない改良でした。この新型電球と手ずから改良したバッテリーを組み合わせると、新開発のランプは三〇時間から五〇時間はもつことがわかりました★」。

彼はこのランプを自分の自転車に備えつけて、繰り返し何度もテストした。松下電器の社員に夜のでこぼこ道を走らせて、耐久性をチェックした。だれもが異口同音にこの新製品はすばらしいと言った。「それは明らかに市場に出回っているどの製品よりも優れており、しかも構造は単純で、一組三〇銭の電池で四、五〇時間は使えます。蝋燭よりも安上がりでした」。

砲弾型の木製ケースを手頃な価格で製作してくれる業者を見つけるのに苦労したが、一カ月に二〇〇〇個発注するという、小企業としては大胆な契約によって、この難題を乗り越えた。電池の製造については、いろいろと考えたあげく、小寺を抜擢した。ランプの製造は宮本が担当し、一九二二年（大11）六月半ばに組立作業が開始された。

幸之助はみずから見本を手にして、すでに自社製品を扱ってくれているある店を訪ねた。「新型ランプの長所を説明すれば、賞嘆の声があがってただちに買ってくれるものと思っていました★」。ところが、店主はほとんど関心を示してくれなかった。彼は、電池式ランプそのものの評判が悪いうえに、特別の電池が必要だと聞けば、客はいつそれを交換すればいいのかわからないのではないかと心配を口にした。

驚きはしたものの、幸之助は気を取り直して別の店に足を運んだ。しかし、そこでも冷たい反応が返ってきた。さんざん苦労して、従来品よりも明らかに優れた製品を開発したというのに、店の反応は最悪だった。「だれもがそのランプは売れないと言うのです。ひどく気落ちし、しかも腹立たしかったので、まっすぐ前を見ていることさえできませんでした★」。

この種の画期的な商品に対して大阪は保守的すぎると思った幸之助は、もっと多様な人間が集まっている東京の店に働きかけることにした。東京では、話を聞いてもらえはしたものの、反応は大阪と同じであった。幸之助がどんなに力説しても、彼らの態度は変わらなかった。

欲求不満が募ると同時に、資金が底をつき始めてきたので、幸之助は別の流通網、すなわち自転車業界に働きかけた。その理屈は簡単だった。自転車店のほうがこの新製品の価値を正しく評価できる立場にあるからだ。しかし、自転車店の店主にかけ合い、この発明について説明しても、相手から返ってくるのは不安材料ばかりだった。自転車店も、概して市場で芳しくない評価を得ている製品を取り扱うことに二の足を踏むのだった。

幸之助は新製品に自信を持っていたし、会社は少なくとも月に二〇〇〇個の木製ケースを買い上げると業者に約束していた。まだ注文が来ていないというのにどんどん製造が出来上がり、倉庫にはたちまち完成品が一〇〇〇個、二〇〇〇個、四〇〇〇個と積み重なっていった。

幸之助とその部下の幹部たちがどのような対策を考えていたかは不明だが、結果として選択した方法については記録が残っている。そのアイデアは当時としては新しく、それゆえリスクも大きかった。資金難を節約でカバーする代わりに、新たな市場開拓のためにさらに資金を投入したのである。

七月中旬、幸之助は三人の販売員を雇い、大阪の自転車店を一軒一軒飛び込み訪問させた。それぞれの店に試供品を二、三個渡して、そのうちの一個は展示用にライトを点灯してもらった。もちろん代金は受け取らない。代金は、商品が売れて客が満足したことがわかってから支払ってもらうつもりだと伝えた。店側は、従来とは異なる松下電器の販売方法に興味を示し、また自分が危ない橋を渡る必要もなかったので、この申し出を受け入れた。

幸之助はこれら販売員から、初日の業務が終わった時点で報告を受け、翌日も同じように報告を聞いた。手応えはあるようだったが、まだ結論を出せる状態ではなかった。展示用の商品見本は関心を引き、反応は悪くなかった。だが肝心なのは売れるかどうかであり、先が読めるようになるにはまだ時間が必要だった。この計画が失敗したら、会社が大きな挫折を被るのは明らかだった。投資額は会社が倒産するほどではなかったが、生産が減速し、従業員の一時解雇を余儀なくさせる可能性は十分にあった。
四、五日すると、ほとんどの店がこの新商品に強い関心を示し始めた。というのも、展示用に置いていったランプが五〇時間以上も点灯することをその目で確認できたからだ。その結果、どの店でもこの新商品を客に紹介するようになった。試供品を買った客の評判が良好だったので、方々の店から注文が舞い込んだ。新型ランプの評判が口コミで広がっていくにつれて、何週間も経たずに売上げはうなぎ登りに上昇し、月二〇〇〇個を超えた。一九二二年（大11）から二三年にかけての冬、このごく短期間で振り子は失敗寸前から成功へと大きく振れた。
注文がひっきりなしに来るようになると、幸之助は自分のやり方が正しかったことがわかったので、そのままやり通すことにした。ランプの成功を導き出した方法は、その後一九二〇年代、三〇年代とずっと踏襲されていくことになる。この戦略は、顧客のニーズを敏感にとらえることから出発して、そのニーズに応えるために新しい技術を積極的に取り入れることにあった。いきおい焦点は大量生産、大量販売ができる商品に向けられた。

松下電器は新製品を開発して頭角を現すわけではなかったが、その販売方法はいつも業界の基準よりも安くて良い製品を売ることにあった。製品開発のカギは額に汗することにあり、博士号取得者や大型研究開発予算に頼るようなものではなかった。製品コストはなるべく低く抑えられたが、それは従業員を低賃金で雇うことによってではなかった。業者との関係は多くの場合、形式的でもよそよそしくもなく親密なものだった。とりわけ販売促進と宣伝の手法が革新的だった。

そして、リスクを覚悟で実験し、学習することに本領を発揮した。

幸之助のこのやり方は、特に自転車のランプで功を奏した。一九二四年（大13）九月には、松下の工場は月産一万個という信じられないほどの生産量に達した。ランプの売れ行きはどんどん速まり、資金も人員も何もかもすべてが限界になってきた。この事態に対処するため、幸之助は設計と製造、販売促進に専念した。販売についてはさまざまな代理店に委託したが、そのぶん代理店同士のもめごとや代理店と本社とのトラブルといった、こういうやり方につきものの問題を抱えることになった。

一九二五年（大14）五月、新工場が完成し、ランプの組立部門すべてをそこに移転すると、幸之助は山本商店と独占販売契約を結んだ。契約内容は、月一万個の買い取りを条件に全国に自転車ランプを販売するというものだった。山本商店が大規模な広告キャンペーンを打つと、この人気商品の売れ行きはさらに伸びた。

◉初めての選挙

一九二五年のさらなる成功に伴って、幸之助の健康問題がぶり返した。ところが、奇跡的に回復し、初めて政治の世界を知ることになった。病気は一〇年来患っている肺に関係した診断の難しい病気で、何よりも休養が必要だった。政治は地方選挙にまつわるものだった。

幸之助の事業活動が目立ってくると、大開町の町内会から、地元大阪市の連合区会議員に立候補しないかという打診を受けた。当初は、健康状態も良くないし、会社のことだけで精一杯だという現実的な理由で乗り気でなかった。ところが再三の説得を受けているうちに、折れてしまった。病気療養のために幸之助が京都に引っ込んでいても、支持者たちは当人不在のまま選挙戦を展開し続けた。

西野田地区の二〇議席をめぐって二八人の候補者が出馬していた。選挙戦が熾烈になってくると、支持者から、大阪に戻ってみずから陣頭指揮に当たってほしいと懇請された。自伝には、心理的なことで体の反応が良くも悪くもなるという幸之助の特徴が如実に語られている。「京都でこの話を聞いているうちに、もうこれ以上のんびりはしていられないと思いました。妙なことに、そう思ったとたん、にわかに体調が良くなったように感じたのです★」。

投票日までわずか二〇日しか残っていない段階で、幸之助は大阪に戻り、さっそく激しい選挙戦に臨んだ。入手しうるかぎりの資料を読むと、彼の弁舌は巧みではなかったが、ある種人を魅了する誠実さがあり、小さくても事業に成功したという信頼性があったという。経験不足から来る選挙戦の未熟さは、情熱と、販売の知恵で補った。

支援者たちはまるで松下電器の従業員のように長時間働き、幸之助の力強い姿に鼓舞された。幸之助は他人を自分の夢へと引き込むコツを心得ていたから、当然のことながら選挙戦でもそれを発揮した。自社製品を売り込むための手際よい販売手法も、自分を有権者に売り込むための戦略として用いられた。

最後の二四時間、支援者たちは全力を挙げて選挙戦を終え、あとは結果を待つばかりとなった。二八人の候補者のうち、二〇位までに入れば議席を獲得できた。だが開票が進むにつれて、予想よりはるかに善戦していることがわかった。結局、彼は二位で当選した。

他の候補者がどういう人たちで、どれくらい選挙費用をかけ、あるいはそれまでの当選回数が何回だったのか、そういう記録がないので、この勝利がどれほど見事だったのか判断しかねる。だが、残されている証言を読むかぎり、幸之助が選挙戦で発揮したエネルギー、手際よい売り込み、熱意、他人をその気にさせる能力などが、非常に効果的だったことがわかる。

当時彼はまだ三〇歳だった。和佐村出身の貧しい少年が会社の社長となり、大阪の西野田地区の区会議員に選出されたのである。まだ裕福とも有名とも言えないものの、四年の義務教育さえ満足に受けていない未熟な丁稚から、はるばると長い道のりを歩いてきたのである。一夜にして成功を収めたわけではなかった。選挙戦での勝利と五代火鉢店での第一歩との間には二一年間勤勉に働き続けた、つらい歳月が横たわっていた。

しかし、政治家の道は長くは続かなかった。幸之助は再選にも他の選挙戦にも出馬しなかった。議員としての活躍がどの程度のものだったのかはわからないが、彼がこの職をあまり好んでいなかったことは比較的はっきりしているようである。[*4] 最大の問題は、議員活動をすることで、すでに彼の時間と注意を一〇〇％必要とするようになっていた伸び盛りの会社から遠ざかってしまうことにあったものと思われる。少なくとも彼の人生のこの時期、政治を取るか自分の会社を取るかと問われれば、容易に松下電器のほうに軍配が上がったのである。

◉ 時代をはるかに先取りする戦略

アメリカが狂乱の一九二〇年代に突入した頃、松下電器も拡大を続けていた。一九二六年（大15）には、松下が提供する電気製品の幅はさらに広がり、ラジオの部品製造も始めた。

この種の成功はえてして硬直と慢心に向かい、反省やさらなる進歩のための調査を怠りがちになる。だが幸之助の場合は、後者の弊を免れた。「すでに私は実業家として工場の経営者として、相当な自信を持っていました」。幸之助はのちにこの時期の自分を振り返って、このように書いている。「企業家としての理想と展望は明確になりつつあったし、自分の経営方法には改良すべ

＊2－4
一九六三年（昭38）から六七年（昭42）まで松下幸之助の秘書を務めた土井智生《ともみ》は、インタビューで次のように言っている。「後藤清一に、どうして松下幸之助は区会議員を辞めたのかと尋ねたところ、幸之助の理想と政治の現実的なプロセスには開きがありすぎたという答えが返ってきました。松下幸之助は、自分は政治家に向いていないという結論を下したのです」。松下電器で工場長になり、三洋電機で副社長を務めた後藤清一は別のインタビューにこう答えている。「彼の家で食事をした後、松下幸之助は政治から身を引くつもりだと言い、『自分は政治家には向いていない』と言いました」。

き点がいくつもあることに気がつき、さらに磨きをかけるつもりでいました。また、従業員の研修にも、新製品の開発における指導力の発揮にも、顧客との条件交渉においても、あるいは製品価格の設定にも、もっと注意を払うべきだと考えていたのです★」。

方針の見直しは、自転車ランプの販売代理店である山本商店との軋轢《あつれき》を大きくする結果につながった。両者が提携を始めた時には、ランプは売れてもせいぜい数年だろうという見解で一致していた。一九二六年（大15）頃になると、幸之助は考え方を変えた。市場の熱狂的な反応を見るかぎり、もっと長期にわたって、おそらく一〇年や二〇年は利益を生み出す可能性があるように思えた。長持ちさせるカギは、たえず改良を加えていくことにある。すなわち、製品の品質を高めるために戦略的な投資を行いつつ、価格を下げ、生産量を維持することが肝要だと彼は考えた。しかし、山本店主は同意しなかった。

長い交渉の末、幸之助は山本商店に対して一万円を支払って、今後発売するランプに適用する契約を解消した。これによって山本商店は発売済みの型のランプは販売し続けることができるが、新製品はすべて松下電器の管理下に置かれることになった。この単純明快な決断によって、松下電器は独自の販売制度を開拓し始めた。これは長期にわたって大きな影響が生じる行動であり、当時の日本における一般消費者向け製品の企業としてはきわめて異例のことだった。[*5]

新製品開発チームは、すでに次のランプの構想を抱いていた。松下電器の自転車製品は持ち運びに便利で安かったので、人々はそれまでの灯油ランプに代わって松下の製品を使うようになっていた。これを知った開発担当者たちは、今度は自転車用に限定しない新たな電池式角型ランプを作り出した。その製品は四角く、持ち運びが容易で軽く、しかも安価だった。一九二七年（昭2）四月に発売された製品は「ナショナル」ランプと命名され、のちにこの商標名は「GE」（ゼネラル・エレクトリック）や「Coke」（コカ・コーラ）と同じように世界中に知れ渡ることになった。松下電器はこの新製品の無料見本一万個を卸問屋や販売店に配った。販売促進のための先行投資を低く抑えるために、岡田乾電池と提携した。一二カ月で岡田の乾電池をさらに二〇万個売るという条件で、試供品の電池を提供してもらったのだ。

この戦略は、当時としては異例だった。一般にこれほど多くの試供品を配り、卸問屋と提携して大がかりな販売促進キャンペーンを展開する企業はなかった。商標名もまれであり、一部のごく少数の商標名でさえ大々的な広告宣伝が打たれることなどなかった。ましてや狭い市場で、大量生産に踏みきる企業などいるわけがない。松下電器は、これら従来の業界慣行とはまったく異なる、斬新な戦略を打ち出した。とりわけ広告の仕方が傑出していた。ローランド・グールドは、

＊2－5
二〇年後にソニーも同様のことをしている。盛田は自伝のなかで次のように語っている。「一般消費者向け製品の流通に関する従来の日本の制度では、生産者と消費者には一定の距離があった。商品によっては、第一、第二、時には第三の卸問屋の手を経て、やっと販売店に届くような状態だった。第三番目、あるいは第四番目が、製造側がその製品に抱いているのと同じ関心や情熱や理想を持っているはずがない……そこで我々は自前の販売店を構え、製品を直接市場に流す方法を編み出した」。

その著書で次のように言っている。「松下は、ナショナルというブランドを派手な広告宣伝によって家庭のなかにまで普及させた。当時、製品販売のツールとしてのブランド名は、特権的な独占企業が踏襲してきた生ぬるい伝統的経営にとって、余計なものでしかなかった」。

この戦略は、特にランプで効果を発揮した。岡田は度肝を抜かれた。松下電器が一年間に売った乾電池は二〇万個どころか、四七万個に達したのだ。一九二八年末には、毎月一〇万個の乾電池と三万個のランプが売れるようになっていた。

ナショナル・ランプが開発され、市場に出されたのとほぼ同時期、一九二六年（昭元）末から一九二七年初頭にかけて、松下は電気アイロンの市場を開拓し始めていた。当時一〇〇社ほどの企業がこの種の電気製品を少量生産していたが、最も安い価格のものでも、平均的な家庭にとって高嶺の花だった。師範学校を卒業した教師の平均年収が三二四円という時代に、アイロンの値段は四円から五円程度だった。現在の教師の平均年収を五〇〇万円とした場合、当時のアイロン価格は六万四〇〇〇円に相当する。

幸之助はこのアイロン事業を、以前米屋で丁稚をしていた中尾哲二郎に任せた。中尾は、二枚の金属板の間に電熱部分を挟み込んだ設計のアイロンを考案し、月に一万台生産すれば、従来品よりも三割から五割安い製品を提供できると考えた。日本全体で月に一万台も売れていない当時、〝常識的な〟経営手法からすれば、中尾の計画は、滑稽とは言わないまでもあまりにリスクが大きく、受け入れがたいものであった。だが、松下電器は新製品の生産に踏みきった。「アイロンの売れ行きは頭打ちになっていることを確信していました」と幸之助はのちに語っている。「というのも、価格を低くできる大量生産に向けて、決定的な一歩を踏み出すのをどの企業もためらっていたからです」。★

この挑戦は成功した。しかし、すぐに成果が表れたわけではない。新商品「スーパーアイロン」は売れたが、発売当初は赤字事業だった。松下電器で損失が許されることはまれだった。そこで一九二七年（昭2）一一月、中尾と武久逸郎を責任者から外し、幸之助本人が加わってアイロン事業を引き継いだ。中尾には、損失を食い止めるべく、あまり労働集約型ではない生産方法を考えるようにと指示が出された。

もしこれが、日本であれ外国であれ、二〇世紀の典型的な大企業なら、中尾が新型アイロンの開発を任せられることはなかっただろう。より信頼のおける適任者が選ばれたはずである。そして、どんなに優れた製品であっても、既存市場がまだ小さい間は、大量生産に着手することはけっしてなかったはずだ。それは、あまりに危険すぎる方法だった。市場拡大に成功し、大きなシェアを獲得している時に、利益の問題で幹部が交代することはめったにない。その時の勢いと、あえて困難な人事問題には手をつけたくないという気持ちが勝るのがふつうだろう。

当時は小さな企業でさえ、大企業の経営手法を模倣していた。だがその種の模倣は、開かれた精神で事業に臨むことにはならなかった。むしろ往々にしてそうした態度とは正反対のものとなった。実験する意欲も学ぶ意欲もないし、リスクに挑むこともないので、松下電器がランプやアイロンで成し遂げたように、小企業が成長を実現することはまずない。

現在、振り返ってみるとわかることだが、当時の松下電器の経営実践は、従来の慣習にとらわれないものであり、現在の経営学が推奨するものに近いことがよくわかる。変化と競争が激しさを増す現代の世界経済にあって、二〇世紀半ばの経営哲学が時代遅れになっているのに、一九二〇年代の大阪に出現した挑戦的な企業家の戦略は、はるかに時代を先取りしていたように見える。

人材豊富な大企業に支配された事業環境下で、松下電器のような資金も規模も小さい会社が成長できたのは、まさにこれらの戦略の賜物だった。一九二二年（大11）、松下の従業員は五〇人ほどだった。ところが一九二八年（昭3）になると、従業員は三〇〇人を超えている。

◉ 生涯語らなかった悲しみ

むめのは一九二〇年（大11）に幸子《さちこ》という長女をもうけた。夫婦はもっと子供がほしかったのだが、第二子が誕生したのは一九二六年（大15）のことだった。両親はその子を幸一と名づけた。一九世紀の日本に生まれた男にとって、息子は非常に大切だったので、松下幸之助は後継ぎができたことを手放しで喜んだ。「自分がだれよりも幸福な男だと思えました★」。

一九二七年（昭2）一月二〇日、幸一がまだ一歳にもならない頃、幸之助は東京に出張し、夜行で大阪に帰ろうとしていた。会社はうまく行っており、突然問題が生じる心配などどこにもなかった。ぐっすり眠っているところを、電報を手にした車掌に起こされた。電文にはただ「コウイチ、ビヨウキ、オシラセス」とだけ記されていた★。

ふつうの病気なら電報など打たない。幸之助は嫌な予感を覚えながら汽車の旅を続けた。汽車が大阪駅に着くと、迎えにきた義弟の井植歳男から、幸一が医者に治療してもらっていると教えられた。どこが悪いのかと尋ねると、井植は明らかに当惑したように、わからないと答えた。

二人はまっすぐ病院に向かった。病院ではやつれきったむめのが待っていた。幸一は昏睡状態に陥っている。医者はあらゆる手を尽くして治療しているが、何が原因なのかわからないという。続く二週間は悲惨だった。幸一の容態は一向に回復しない。医療は何の役にも立たないように見えた。そして二月四日、予想だにしないことが起こった。幸一が死んだのである。

この幼子の死は、幸之助にとって一〇人目の肉親の死だった。最初は一九〇〇年（明33）に次兄八郎が、次に一九〇一年（明34）次姉房枝が、その同じ年、長兄伊三郎が逝った。それから一九〇六年（明39）に二人の姉と父が死去した。一九一三年（大2）には母が亡くなった。一九一九年（大8）にはすぐ上の姉が死に、その後を追うように一九二一年（大10）たった一人残された長姉も死んだ。そして一九二七年（昭2）、幸之助の一人息子、幸一がこの世を去った。

このような悲劇について幸之助が詳しく語ったことは一度もない。しかし、度重なる死、とりわけ最後の息子の死が彼に大きな影響を与えたことは間違いない。息子の死、そして息子をもう一人もうけられなかったことは、むめのとの関係にも影響を及ぼした。

さらに、この一〇年実業界で次々と成功を収めてきた彼は、それまでの自分の全世界を吹き飛ばした落雷のような一八九九年（明32）の大打撃が、もう二度と自分を襲うことはあるまいと信じていたにちがいない。裕福になり有名になることの利点とは、いわば城の周りを濠《ほり》で固めることである。広く深い濠で囲まれていれば、どんな天変地異からも逃れられるはずだと思っていた。

しかし、一九二七年（昭2）のこの日、裕福な実業家は不死身である、という安全思考は打ち砕かれた。何度も彼の胸に去来した不安が突然またもや浮上し、彼を煩わし始めた。

問題はいったいどこにあるのか。力と富がその答えでないならば、いったい何が答えなのか。

6 大不況下での成長
Coping with Economic Hard Times

◉ 在庫を売りさばく工場労働者

売上高が拡大するにつれて、松下電器にはさらに広い施設が必要になった。一九二八年(昭3)、事務所と工場を合わせて約四二〇坪の施設のための図面が完成した。土地の購入価格は五万五〇〇〇円だった。くわえて建設費、設備費など約一五万円の予算が必要だった。この計画の資金調達のために、住友銀行から融資を受けることになった。

日本の国民総生産(GNP)の伸びが年一%か二%というこの時代、慎重な実業家であれば、経済の不安定要素が少なくなるまで経営拡大を見合わせたことだろう。だが幸之助は、またもや突進することを選んだのである。

一九二八年一一月に始まった建設工事は一九二九年(昭4)五月に完了した。折り悪しく、浜

表3◉日本の国民総生産*1（1926年〔昭元〕〜1935年〔昭10〕）

（単位:百万円）

1926年	15,975
1927年	16,293
1928年	16,506
1929年	16,286
1930年	14,698/13,850*2
1931年	12,520
1932年	13,043
1933年	14,334
1934年	15,672
1935年	16,737

＊1)1994年現在の貨幣価値に換算したもの。
＊2)新旧の算出方式によるGNPを併記。
翌年以降は新方式のみ記載。
出典:B. R. Mitchell, *International Historical Statistics*, Africa and Asia, 1982.

口雄幸《おさち》内閣が組閣された翌年、緊縮財政が強化されたことで国内は不景気に沈んだ。

一九二九年（昭４）一〇月二九日、アメリカの証券市場が暴落した。その後、経済は悪化の一途をたどり、GMは全従業員の半数に相当する九万二八二九人の解雇を通告した。大小を問わず多くの企業もこれにならい、数百万の人々が失業し数千の会社が倒産した。

日本経済はすでに一九二〇年代後半から弱体化していた。一〇月二九日から始まった世界金融恐慌の波を受けて、事業環境はにわかに陰りを帯びた（表３参照）。物価と雇用の低下とともに需要も落ち込み、工場は一時操業停止や閉鎖を余儀なくされた。

不景気は電気機器製造業にたちまち打撃を与えた。経済情勢に不安を感じた消費者が、生活必需品以外の商品への出費を徹底的に切り詰めたからだ。電気製品の卸問屋は取引高の低下を見て、新規購入の停止あるいは削減を決めた。松下電器への影響は甚大だった。一九二九年一二月一日までに売上げは半分以下に落ち込んだ。倉庫には売れ残った製品があふれ始めた。経営破綻はにわかに現実味を帯びてきた。

幸之助は体調の悪化からまた快方に向かっていた。今回の静養先は大阪の西郊、西宮だった。一二月二〇日、井植歳男と武久逸郎が会社の危機的状況について報告にやってきた。幸之助が病気になると、井植ら幹部が定期的に現状報告にやってきて、問題点を話し合い、助言を受けるのが慣わしだった。幸之助が不在の時、意思決定を任されていたのは井植だった。

松下電器の経営陣の多くは、この難局を乗り越えるには大規模な解雇しかない、おそらく従業員の半数を解雇せざるをえないという結論に達していた。井植と武久は考えた。大規模な人員削減は会社を救いもするが殺すことにもなりかねない。一二年間続いた勢いは止まってしまうだろう。良好な労使関係も損なわれてしまう。拡張計画も棚上げせざるをえない。さらには、日本経済そのものがなお悪化の一途をたどっている以上、解雇された従業員が転職できる見込みはほとんどなく、松下電器の社員の多くが困窮に陥るだろう。恐れと気落ちを抱えた井植と武久は、今後どうすべきかと幸之助に尋ねた。

窮地に立たされて、また体調が良くなってきたと幸之助は語っている。「彼らが最後の手段をとらざるをえないと思うと、不思議なことに私には元気が湧いてきたのです★」。あたかもそれは、自分の成功に対する罪悪感や、兄弟、両親、息子の死後、自分だけがどんなに悪い状況からも救われてきたことへの後ろめたさからきているかのようだった。

その日、幸之助が井植と武久に出した命令は異例のものだった。「今から生産を半分に切り詰めるんだ。しかし一人も解雇してはならない。労働者を解雇して支出を減らすのではなく、工場での労働時間を半日にして減らすんだ。そして今と同じ賃金を払うが、休日はいっさいなくすことにしよう。従業員には全員で力を合わせて在庫を売ってもらおうではないか★」。

儒教と封建制双方の伝統によって、日本の労使関係には擬似家父長制的な心性が残っていたとはいえ、この独特なアイデアは斬新だった。無解雇の経営方針が日本の大企業に採用されるようになったのは第二次大戦後のことであり、中小企業ではそういう例はまったくなかった。一九二九年（昭4）当時、不景気に対処するにあたって、工場労働者を販売に配置換えするという例は前代未聞だった。

井植と武久は即座にその考えに賛同した。社に戻ると、全従業員を招集して今後の方針を告げた。この宣言は拍手喝采で迎えられた。

数百人の工場労働者に販売の仕事を託すということは、厳密な分業に慣れた現代では、いかにも奇異に感じられるかもしれない。だが、当時の松下電器ではだれ一人として奇妙だとは思わなかったようだ。全員が懸命に在庫を売り歩き、工場の操業時間は従来の半分になっていたので、過剰な在庫はたちまち姿を消した。従業員が正規の持ち場に戻ったのは翌年二月のことだった。

一九三〇年代に入り、経済がなおも低迷を続けると、数千の日本企業が減産体制に入り、余計な新製品を生産するのをやめ、従業員を解雇した。松下電器の経営はそれとはまったく逆だった。

ラジオの分野に進出し、ランプと乾電池の生産を増強した。雇用基準を上げることで組織の格上げを図った。中等学校以上の卒業生を対象とした毎年の新規採用を展開し、いわば丁稚のようなかたちで従業員教育に力を入れた。若い見習い従業員は会社の敷地内に建てられた寮で生活した。むめのが食事の準備の監督をし、あらゆる面で親代わりになって面倒を見た。規模こそ大きくなったが、これは松下幸之助が丁稚時代に経験したのと同じ制度だった。

並みの競争相手には、とてもこんな真似はできなかっただろう。しかし、一九二〇年代に型破りな戦略でのし上がってきた松下という組織は、並外れていた。日本には、これほど消費者中心の戦略を持ち、価格が安く、良好な労使関係を持ち、巧妙な製造販売活動を展開している電気機器製造会社はなかった。

もちろん、松下のライバルは弱くはなかった。日本企業はこの時点ですでに二〇世紀後半に有名になりうるような能力を伸ばし始めていた。しかし、競合会社のなかには、松下のようにあえてリスクに挑戦し、実験し、大量生産に踏み切ることによってコストを削減し、市場を拡大し、そしてその経験から学ぼうとする企業は一社もなかった。

◉ラジオ事業にかける情熱

ラジオ事業を確立させようという努力ほど、この会社と創業者について雄弁に語るものはない。

日本でラジオ放送が始まったのは一九二五年（大14）のことである。それからわずか五年で、多くの企業がラジオ製造に着手し、年間約二〇万台を生産するようになった。一九二九年（昭4）五月、幸之助は、ラジオ・メーカーへの部品供給業者の一つである橋本電器が資金繰りに困っているので、この企業に投資もしくは買収するつもりはないかという打診を受けた。状況を調査したうえで交渉に入り、松下電器が出資する株式会社が資本金一〇万円で設立された。

この間、販売代理店からは、ラジオの部品を製造するだけではなく、ラジオそのものの製造をすべきだという要望が寄せられていた。このアイデアを吟味した結果、松下の経営陣はいくつかの問題が解決されれば、当時目新しかったラジオを大衆向け商品にできると判断した。他の製品同様、初期段階のラジオは衝撃に弱く、輸送の途中で壊れることもたびたびあった。さらにやっかいなことに、使用中にどういうわけか聞こえなくなってしまうこともあった。幸之助自身も、お気に入りの放送を聞いている途中でラジオの具合が悪くなったと嘆いている。

当時の松下電器の幹部が書いた報告書を読むと、度重なる故障や客からの苦情、高くつくサービス・コスト、次から次へと新製品が出るため旧型製品の在庫が膨らむこと、この商品を扱うには技術的知識が必要なことなどから、卸問屋の間ではラジオがそれほどうまみのある商売になるとは思われていなかったことがわかる。にもかかわらず、幸之助は強気だった。

「卸問屋は、ラジオは時代が要求する製品であり、人気商品に発展すると考えています。ただし、ラジオを安全かつ故障しにくい商品にしないと、その潜在能力がどの程度のものかわからないでしょう★」

多くの保守的企業は、時代を先取りするこの製品に対して、長期的展望はあるとはいえ、まだ問題が多いという理由から距離を置いていた。だが幸之助は、景気が悪いにもかかわらず、とにかくこの事業に参入しようと決意した。その戦略は四つあった。第一にラジオの設計と製造方法を学ぶこと、第二に信頼性のより高い製品を作ること、第三にラジオ市場で圧倒的シェアを獲得すること、そして最後が、以上三つの戦略によってラジオ事業が急速に拡大した時、この市場で最強のポジションを占めることである。

この分野の専門家が社内に見当たらなかったので、幸之助は、すでにラジオの生産を始めている評判の良い工場を五万円で買収し、子会社の国道電機を設立した。ラジオ新製品の販売は自社の販売網に委託され、大規模な販売促進活動が展開された。松下電器では、第一号機が大きな収入源になるとはだれも期待していなかったが、製品がそこそこ売れてくれれば、会社にとっていい経験になると考えていた。

松下電器が第一号ラジオを発売したのは一九三〇年（昭5）八月のことである。発売開始後すぐに、深刻な問題が発生した。客からも販売店からも苦情が殺到したのである。前例がないほど、返品の山が築かれた。なかにはいきり立って、勘定は払わないと言い出す者もあった。卸問屋は虚をつかれたが、顧客との信頼関係において被った損害の大きさがわかると怒り出した。幸之助は面食らった。

「私はいったい何が起こったのかわからないほど動転していました。もちろん、自分たちの製品が完璧なものでないことくらい知っていましたが、非常に故障の少ないものを作っている会社の製品だったから、たとえ問題が生じても他社の製品よりはましだと思っていたのです。……欠陥商品の山を目にした時は、あっけに取られて物も言えませんでした。……最悪だったのは、私がこの商品を卸問屋に自信を持って勧めていたので、彼らも安心して販売努力をしてくれていたことです★」

この危機は好景気の時でも処理するのが難しかっただろう。なお悪化する経済が、さらにこの問題をこじらせた。驚いた幸之助は、一刻も早く問題点を徹底的に洗い出すべきだと判断した。「ただちに社の内外を問わずすべてを検証し、原因を突き止めるべく行動を開始しました★」。

彼は卸問屋と話し合った。客とも話し合った。社員とも話し合った。振り返ってみれば、松下電器の販売網は、この商品を取り扱う態勢が整っていなかったことがすぐにわかった。ラジオに関する基礎的知識もなければ、販売店は客に対してどのようなサービスをすれば良いのかもわからない。真空管やねじが緩んでいるだけで商品を工場に送り返してきた店も多く、それによってかなりの無用な出費が生じていた。

この危機を乗り越えるための方法が二案考え出されたが、いずれもこの事業から撤退するというものではなかった。第一の案は、すでに生産した製品を取り扱うために必要な技術と知識を持っている専門店を通じて販売すること。第二の案は、松下電器の販売網でも扱えるような故障の少ないラジオの生産にただちに取りかかることだった。議論と熟考の末に幸之助は後者の案を選んだ。この決定を、かつてのラジオ工場の所有者で、今は松下の取締役になっている工場長に伝えると、強い反対意見が返ってきた。ラジオを欠陥ゼロで製造することなどできない。以前自分の会社がやっていたように、専門店を通じて販売すべきだというのが彼の考えだった。幸之助がより良い製品を開発し、製造することは可能だと主張しても、彼は頑として応じなかった。

工場長の言い分にも一理あった。自動車やコンピュータなど、どんな製品でも開発初期段階は不具合が生じやすく取り扱いが難しいものである。幸之助もその点は承知していたが、人は往々にしてこういう事実を口実にして変化から身を守る、とも思っていた。

◉ 新型ラジオの勝利

袋小路の状態は、交渉によって打開された。最終的には工場長と技術スタッフは退陣して独自に事業を起こし、工場と損失のすべてを松下電器が引き受けた。そして、国道電機を松下電器の直営とし、幸之助は自社の研究部に、より品質の優れたラジオを開発するよう命じた。

「素人が非常に性能のいいラジオ・セットを組み立てているそうだ。そういう愛好家に比べれば、諸君には思いのままに使える施設と機器がある。市場にはすでに優れた製品も出回っている。それらをよく調べて、できるだけ短期間にそれを超える製品を作り出すべく頑張ってもらいたい。

……成功するか失敗するかはひとえに諸君の自信と決意にかかっていると確信している。……こういうことを要求するのは、諸君は持てる力を出しきっていないからである★」

研究部は、わずか三カ月という驚くべき速さで新たな設計図を完成した。試作機の試験段階では、松下電器のだれもが、今回のセットは前作よりも大幅に改良されていることを認めた。

ちょうどその頃、東京放送局（現ＮＨＫ）が日本で最高のラジオを選ぶコンクールを主催していた。松下電器の社員が自社の試作機をこれに応募した。自分たちの新モデルに自信があったので、このことで会社に迷惑がかかるとは思わなかったのである。とはいえ、ラジオ事業に参入したばかりの会社が権威あるコンクールで勝てるとは思っていなかった。

ところが驚いたことに、松下電器が一等賞を受賞したのである。他のラジオ・メーカーは半信半疑だった。もちろん、松下の研究部は大喜びした。

この信じられないような結果を説明しようとして、幸之助はのちにこう語っている。

「何年もラジオを作ってきた数多くの会社にわが社が勝ったということが最初は不思議でたまりませんでした。しかしそのうち、松下電器が培ってきた企業文化を考えると、これはちっとも奇異なことではないと思うようになりました。いやしくも責任のある立場にいる者なら、ある任務を……完成まで導くうえで決定的な問題に最新の注意を払うのは当然のことです。それらの問題をこだわりのない創造的な心構えで検討すれば、実行可能な答えがおのずと得られるでしょう。と同時に、必ずできるという確信を持って事に当たることも大切であり、困難を前にして思い煩

表4◉ナショナル・ラジオの生産台数（1931年〔昭6〕〜1938年〔昭13〕）

1931年	1,000
1932年	28,000
1933年	45,000
1934年	61,000
1935年	135,000
1936年	174,000
1937年	206,000
1938年	237,000

出典：石山四郎『命知の国際経営』1981年
（なお、松下電器社史関連資料では
生産台数不明のため確認できず）

って時間を無駄にしてはなりません。真に能力のある者は困難に打ち負かされたりしないものです。リーダーたる者、このことを肝に銘じておかなければなりません★」

松下電器の組織が特別なものになりつつあるかどうかに依然として疑念があったとしても、このラジオ・コンクールがそれを払拭した。勝利の要因は最先端の技術的ノウハウでも、莫大な予算が使える研究開発スタッフでもなかった。第二次大戦後の多くの日本企業が採用した戦略を先取りするかのように、松下電器には信念、顧客志向、新しいアイデアを積極的に受け入れる姿勢、そして勤勉さが備わっていた。それらが大企業や経験豊富な企業を出し抜いたのである。しかし、アメリカ企業が一九五〇年代、六〇年代、七〇年代にかけての日本の成功を理解しがたかったように、一九二〇年代から三〇年代にかけての日本の電気機器製造業者もまた、松下電器を理解するには相当な時間がかかったにちがいない。

幸之助は新型ラジオを「当選号」と名づけ、競合製品よりも高い価格をつけて発売した。製造にそれだけコストがかかる設計になっていたのである。だが、高価格にもかかわらず、人気が出てよく売れた。その結果、生産量は急速に伸び、出荷台数は倍増を繰り返した(表4参照)。さらに大量の生産ラインを確保するための施設が建設された。規模の経済と生産方法の改善を通じて価格はさらに下がり、ラジオは次第に大衆の手の届くものになっていった。

ラジオ事業に参入して一〇年経った一九四二年（昭17）には、松下電器は市場シェア三〇％と月産三万台を誇る、日本最大のラジオ・メーカーになっていた。

◉ 定着した低コスト大量生産

大量生産するためにコストを下げるという手法は他の製品でも功を奏した。「ナショナル・ランプ」が最初に販売された時、代理店は一個一円二五銭で仕入れていた。出荷個数が月一万個を超えると、一円に下がった。価格はさらに下がり続け、わずか数年で当初の価格の半分以下にまで落ちた。一九三〇年（昭5）度には、不景気にもかかわらず、ランプの月間生産量は二〇万個、乾電池は一〇〇万個に増えた。

競合他社もこの手法を採用していたが、同時に定期的な値引き合戦をしたり、高いシェアにあぐらをかいて独占的な利益を貪っていた。そのなかで松下電器だけは、幸之助の抱く持論から外れることがほとんどなかった。

一九三一年（昭6）に乾電池の販売量が月一五〇万個に達すると、幸之助は二つの供給業者に生産効率を上げてさらに値引きできないかと要請した。長い付き合いのある岡田乾電池はすぐにそれに応じた。新しい取引先である小森乾電池は応じなかった。「製造者」というよりは、「投資家」だと幸之助が皮肉っている人物が経営しているこの会社は、たとえ短い期間でも利益が下がるのを渋ったのである。小森は幸之助の提案を「危うい」と評し、代案を提出した。それは、「わが社を買収して、好きなように経営してほしい」というものだった。

一九三一年九月二〇日、小森乾電池を買収するための計画が出来上がった。工場の監督と販売責任者を支援するために、幸之助は数カ月にわたって一日に二時間、先方の工場に出向いた。その目的は、幸之助によれば、新たな従業員に「松下方式の経営」を浸透させるためだった。

乾電池事業は一九三〇年代を通じて急速に伸び、会社にとって非常に重要な製造分野に発展した。一九三二年（昭7）八月には岡田乾電池の工場を買収した。その年の九月には、門真《かどま》に新たな乾電池工場を建設した。一九三六年（昭11）三月には、朝日乾電池を買収することで生産力がさらに増強された。一九三八年（昭13）には、中国の天津に出張所を開設した。一九四二年（昭17）三月には、高知県の須崎にもう一つの工場が完成した。こうして一九四三年（昭18）には、日本で最大の乾電池販売量を誇るようになった。

◉ 再評価されるべき戦前の松下方式

一九三一年（昭6）末、松下電器はすでに中小企業ではなくなっていた。一般電気配線器具、ラジオ、ランプと乾電池、電熱器類（アイロン等）など、四つの分野で二〇〇以上の種類の製品を製造するようになっていた。大不況のさなかにこれだけの記録を残すのは尋常なことではない。一九二九年（昭4）の松下電器の従業員は四七七名になっていた。生産高は月額二〇万円、一四〇の特許を取得している。その二年後、経済が悪化しているにもかかわらず、勢いに乗ったこの会社はさらに多くの特許を生み出し、市場シェアで競合他社を引き離した。その結果、従業員数はほぼ倍の八八六名に増えた。

のちに幸之助は、講演や著書のなかで、経済情勢が厳しい時ほど会社に幸いしたと繰り返し語っている。明らかに彼は自分の幼年期の経験から、逆境によって人は強くなると信じていたのである。「労働者たちは一人前として信頼されるようになるには、多くの試練と訓練を甘受すべきである」と自伝のなかでも書いている。「労働者の献身ぶりと臨機応変の才が実践として最も試される機会は、自分の会社が資金繰りに困り、その危機から脱出しなければならない時である★」。

創業してから一四年、この間、松下電器は困難な時期を何度も経験している。小規模で資金力の乏しい会社が競争の激しい市場でやりくりしてきたのである。松下電器の成功はひとえに、さまざまな事業に貪欲に取り組み、競合他社の強力なライバルとなりえたからだった。

この会社は製品開発においても、製造販売方法、人事においても革新的だった。常に製品の改良を図り、他社のモデルよりも安くて品質が良く、価値のある製品を作り出すことを心がけた。あえてリスクに挑戦する道を選んで事業を拡大し、大きな市場シェアを占めた。コストを低く抑え、生産性を高めるために懸命に働いた。強力かつ誠実な販売網の確立にも着手した。常に取引相手を意識し、販売店と消費者の双方に注意を向けていた。従業員には多くを期待し、その代わり彼らを尊いものとして気遣った。

柔軟性と迅速さを尊重し、長い準備期間や膨大な開発予算を敬遠し、製品と事業のすべてが採算に見合うことを要求した。その結果、松下電器が新たな製品分野を開拓することはなかった。発明は他社に任せ、自分たちはより安く、より良い製品を作り、それを賢明な販売戦略で売ったのである。

真に競争的な環境で成功するためには、一般にこの種の方策が有効なようである。このような事業方針は、一九三〇年代から四〇年代にかけてのウィリアム・ヒューレットとデビッド・パッカードにとってもうまく機能したようだし、第二次大戦後の多くの日本企業もまた同様の方法を採用している。

幸之助と経営陣がどのようにしてこれらの方策を発見したか、そのことこそが、彼らとその会社について雄弁に物語っている。彼らは書物やコンサルタントに頼ることはできなかった。当時は経営に関する本も助言者もほとんど存在しなかったからである。

幸之助は、丁稚時代や大阪電燈に勤めていた時の経験から、苦しい思いをして学んだ。松下電器の経営陣は、自分たちの周囲と電気機器産業で今何が起こっているかに細心の注意を払っていた。しかし、従来の商慣習をただ模倣するようなことはしなかった。幸之助と経営陣の大半は、厳しさを増す経済環境と創業者のあくなき向上心に対処するために彼らなりの手法を編み出した。リスクを恐れず、むしろそれを歓迎するような態度で仕事に当たり、力強い新たな実践活動を生み出し、企業家として経営者として重役として成長を続けたのだった。

もし、現在の経済環境が困難を増す方向にはなく、産業界が競争的ではない方向に向かっているのだとすれば、幸之助の物語はさほど重要性を持たないであろう。だが、現状はその逆である。第二次大戦後に続いた右肩上がりの成長と好景気の時代は終わった。経済の国際化はさらに多くの機会を提供するようになっているが、リスクもまた非常に大きい。ほとんどの産業で競争がますます激化し、好景気時には有効だった基本的な経営手法がもはや格別の効果を発揮することはなくなっている。

今日の勝利者は、一九六〇年代のUSスチールやフォードやチェース・マンハッタンのような企業ではない。それは、ますます一九三〇年代の松下電器の姿に似てきている。

第3章

BUSINESS LEADER 1931-1946

◉

独創的カリスマ

1931年（昭和6）〜1946年（昭和21）

のちに定着した事業部制について説明する幸之助。
1933年、松下電器を分割し、世界に先駆けた大胆な権限委譲により業務を活性化させた。

7 会社の社会的使命

A Mission for the Corporation

◉ 実感した宗教の力

こういうことは二〇世紀に一〇〇〇回、あるいは一万回も起こったことかもしれない。小さな会社が設立あるいは買収される。独創的な手法が開発され、会社は成功し、その結果、中規模の組織にまで発展する。すると挑戦の性質が変わってくる。さらに新しい需要を求めて成長する代わりに、企業のトップは過去を踏襲し、往々にして自己中心的になり、傲慢に陥る。結果として事業は多くの困難にぶつかり、従業員や株主、そして顧客のすべてが迷惑を被る。

一九二〇年代後半から一九三〇年代初めにかけて、松下電器は小企業から中企業へと発展した。特に一九三二年（昭7）、この時ほど松下幸之助の賢明な企業家精神が要求されたことはない。組織が大きくなるにつれて、指揮命令系統があいまいになる危険性があったからである。この年、松下電器の創業者は新たな要請に応えるべく奮闘していた——一つの旅が、ある宗教団体との出会いを生み、松下電器にとっての新たな使命を宣言する集会へと導いたのである。

一九三二年（昭7）になって間もなく、面会を求める客のなかに、松下電器の顧客の一人がいた。ほんのわずかの時間でいいから話を聞いてくれないかという。幸之助が会って話を聞いてみると、それは改宗の勧誘だった。

その客は、かつて不幸が次々と重なって意気消沈していた時、ある宗教に帰依してはどうかと友人に強く勧められたと話した。最初は気乗りしなかったが、寺を訪れ、勤行《ごんぎょう》に参加しているうちに次第に宗教のありがたみがわかるようになってきたという。

「その時私は自分の考え方と人生の処し方がどんなに間違っていたかがわかりました」と彼は幸之助に語った。「そして、自分の仕事がうまくいかない理由もはっきりと見えたのです。信仰が強くなるにつれて、かつて悩まされたことが気にならなくなってきました。心が開かれ、思い煩うこともなくなりました。毎日楽しく働けるようになりました。繰り返しお寺にお参りすることで、信仰の喜びを発見しました。仕事も何もかもうまくいくようになるのにさほど時間はかかりませんでした。生まれて初めて、自分の人生が価値あるものに思えてきました。私は教団の教えを固く信ずるようになり、その教義に基づく教習を受けました。この喜びをぜひほかの人とも分かち合いたいのです★」。その客は幸之助にこう訴えたのである。

幸之助は特定の宗教を信じず、帰依するべき宗派を求めたこともなかった。自伝によると、その客の熱心さに感銘は受けたものの、誘いは断ったとある。多忙なスケジュールに、その面会の記憶はすぐに消え去るはずだった。だがそうではなかった。幸之助はその男の献身的な態度と、「見るからに幸福そうな」表情について考え続けていたのだった。

一〇日後、その客はまたやってきた。数週間後、またやってきた。幸之助はその気になれば会わないで済ますこともできたが、そうはしなかった。彼はその男と話し続け、ついにその教団本部を訪れることにしたのである。

一九三二年（昭7）三月のある早朝、二人は大阪を発ち、一時間後に、現在の奈良県天理市にある天理教の本部に到着した。まずは本殿を訪れ、次いで建築中の教祖殿、教祖の廟を見て回った。昼食後には、五〇〇〇人の学生を擁する教校を訪れた。また図書館も見学したが、その蔵書は東京や大阪のどの図書館にも引けを取らないほどだと幸之助には思えた。午後も遅くなってから、二人は新しい施設を建設するために教団が操業している製材所を訪れた。一日の見学を通じて、幸之助は共同体の一部をなす建物の数の多さとその大きさと建築のすばらしさ、そして敷地内の清潔さに驚かされた。

それから半世紀たった今も、この教団本部の施設はほとんど破壊されたり傷んだりしていないので、幸之助が見たものと同じ姿を留めている。施設は見事であり、建築物は巨大で、スケールの点で、東洋の寺院というより西洋の大聖堂の感がある。本殿、学校、図書館、事務所、寮などが居並ぶ施設の規模は、かつての天皇の住まいである京都御所に匹敵する。

しかし、建物よりもなお幸之助の注意を惹いたのは、人々の姿だった。参拝者の敬虔な姿、おびただしい拝観者、勤勉そうな学生たち、寺院を建築中の人々の熱気。報酬を受けているわけでもないのに、その人たちは見るからに喜びに満ちて働いているのだった。

幸之助はその夜、一人で大阪に帰った。その日見た光景が脳裏から去らなかった。幸せそうな人々、懸命に働く人々、しかし彼らは経済的な目的でそうしているのではない。幸之助はやはり入信を断ったのだが、その後の彼の行動は、その日見た光景にほとんど取りつかれてしまったということを示している。その経験は、事業家としての幸之助に感銘を与えた。と同時に、もっと心の奥底にある何かに触れたのだった。

現実的な反応は理解しやすい。進取の気象に満ちた小規模な企業でなければ見られないような献身的な働きぶりが大規模な組織でも発揮されていることを目の当たりにしたのだ。「私が見聞したことには学ぶべきものがありました」と彼はのちに書いている。「あの繁栄ぶり、うずたかく積まれた献木の山、建設作業にいそしんでいる信者の熱心で献身的な仕事ぶり……、参拝する人々の敬虔な姿、卒業すれば教団の教えを伝える役目を果たす勤勉な学生たち、すべてが時計仕掛けのように正確に淀みなく流れていくさま、どれをとっても勉強になりました★」。

彼の言わんとしていることは明確だ。企業もまた宗教のような意義のある組織になれば、人々はもっと満たされ、もっと働くようになるのではないか。

このことは雇用者にも被雇用者にも当てはまるものだった。一九三二年（昭7）初頭、松下電器は劣悪な経済情勢にもかかわらず繁盛しているまれな企業だった。さぞ創業者は幸福だっただろうと思われるかもしれない。だがそうではなかった。三七歳の幸之助はいつも不安で、時に不機嫌であり、あいかわらず原因不明の病に苦しんで寝込んだりしていたのである。のちに友人や同僚は、彼は金では自分の心は癒されないことを知って、自分の成功に罪悪感を覚え、人生にもっと大きな意味を見出そうとしていたのではないかと推測している。いずれにせよ、天理教本部を訪問したことが、深く人生を考えるきっかけになったのである。彼が感じていることをどの程度人と話し合ったか、あるいは助言を求めたかはわからないが、二カ月後、きわめて感動的な異例の集会で、自分の内部に湧き上がってきた考えを多くの従業員と分かち合ったことだけは知られている。

◉ 幸福に通じる水道哲学と利益追求

一九三二年（昭7）五月五日、大阪の中央電気倶楽部講堂には、松下電器一六八人の社員と重役が顔を揃えた。午前一〇時、幸之助が壇上に立った。

彼はまず、これまで社員が一丸となって努力した結果、わずか一五年間で、従業員一一〇〇人、年商三〇〇万円、特許数二八〇、一〇カ所の工場を数えるまでに成長したことを賞賛した。そして、最近天理教団を見学して、松下電器の将来を再検討する機会を与えられたことを語り、大胆な提言「真使命宣言」を行う。「産業人の使命は貧困の克服にある。社会全体を貧しさから救って、富をもたらすことにある★」。

彼は例として、水道の水を取り上げた。ここに生活にとって不可欠の水道水という製品があるが、非常に安く生産され流通しているので、だれでも手に入れることができる。「企業人が目指すべきは、あらゆる製品を水のように無尽蔵に安く生産することである。これが実現されれば、地上から貧困は撲滅される★」。

この使命を実現するには、もちろん多大な年月を必要とするだろう。ひょっとすると二〇〇年や三〇〇年はかかるかもしれない。しかし、長期にわたるからといってひるんではならない。高邁な理想はどれも実現が困難なものである。先見の明のある人々に壮大な理想を成し遂げようとする意志があればこそ、人生はより良いものとなる――幸之助は、なおも従業員に語り続けた。「今日から、この遠大な夢、この尊い職業が我々の理想となり、使命となるだろう。そして、それを果たすことが我々一人ひとりの責務なのだ。諸君は縁あって松下電器で働くことになった以上、我々の前途に横たわる使命を全うする喜びと責任を分かち合ってもらえるものと信じている。……私は諸君の若々しい力と情熱をこの努力に結集させるべく、先頭に立って諸君を導いていく決心をした。……最も重要なことは、おのおのが人生で幸福を満喫すると同時に、次世代の利益にもなるように努力することである★」

彼はもともと弁舌が得意なほうではなかったが、その場にいた出席者によれば、情熱と情感にあふれたその言葉には切々と訴えかける理想の響きがあったという。また、自分の演説を締めくくった幸之助が、ほかにも発言したい者はいるかと尋ねると、十数人が壇上に昇り、うち幾人かの従業員は非常に感動していたという。

それまでの一五年間、他人を意識して人生を送ってこなかったせいか、彼のスピーチは、信頼感はあるにせよ、さほど人に感銘を与えるものではなかったろう。しかし、そのメッセージは、それまでの組織運営のあり方と矛盾するものではなかった。会社の将来をより広く高い視野から描き出すような演説だった。新たな使命は、会社の目標をきわめて根本的な人道上の価値観に結びつけるものだった。

「貧困を根絶するだって？　二〇〇～三〇〇年もかけて？」――聴衆のなかには彼の言葉をかなり懐疑的に受け止めた者もあった。松下電器が利益を度外視して社会に貢献するといった社会主義的、あるいは儒教的な会社になろうとしているのではないと聞くと[*1]、いっそうこういう疑いが膨らんだ。そうではなく、むしろ会社の使命は生活必需品やサービスをより低いコストでより多く生産することで人類に寄与することにあり、新たな技術の開発や工場建設の資金を生み出すために利益が必要になるという。

時が経つにつれて、幸之助の考えは広がり、明解になっていった。企業の使命は株主の富をできるだけ増やすことでもなく、短期の利益を追い求めることでもない、と彼は語った。最終目標は市場シェアでも、特許の数でも、純資産の増加でもなかった。その使命は高給を維持し、経営陣の職を保証することでもなかった。主眼は輸出を増やすことでも、日本の国防を確保することでもない。主要な目的は、利益を追い求めずすべてを慈善に投ずる「社会的責任のある」企業になることでもなかった。

幸之助の考えは、表面的に見ると、西洋においても、日本においても、かなり物議をかもすものだったように思えるが、実は他の実業家たちが主張していたこととそんなに違いはない。当時は「国のため」「社会のため」という言葉が頻繁に口に出された時代だった。だが、特徴的な点を子細に検討してみると、大きな三つの違いが明らかになる。幸之助が語っているのは、大衆の手の届く製品を作ることで社会に役立つということが主であって、西洋列強から日本を守るために経済と技術を発達させるということではない。彼は利益の重要な役割について明解に語っているが、これは当時の日本人企業家としてはかなり異例な発言である。そしてまた、彼の発言は、

＊3－1

松下幸之助の哲学が展開していくなかで、少なくとも競争市場において、社会貢献と利益観が矛盾することはほとんどなかった。その論理は単純である。消費者は価格・品質・サービスの全体が自分たちに有益であるかぎり、製造者に利益をもたらしてくれる。価値が大きいほど、消費者は金を払い、その結果利益も増す。すなわち、ある製品の利益率は、それがどれだけ社会貢献に寄与しているかの目安になる。この論理からすれば、少なくとも競争原理が十分機能する市場においては、儲けることと善をなすことについての不毛な論争は消滅するだろう。経済学者たちが確信をもって示しているように、非競争的市場においては軋轢が残り、「過剰な」生産能力と競争力のある市場では、製品の価値を無視してはさほど利益をあげることはできないだろう。

たまたま会社の高邁な理想について語ったというレベルを超えていた。彼は自分の主義主張を文書にさせ、従業員に毎朝大きな声でその理想を朗唱させた。

◉ カリスマ的リーダーシップの始動

一九八〇年代、世界中の企業が、従業員の行動を導くための理想や価値観の宣言を採用した。なかには、流行っている宣言を取り入れた企業もあるだろう。また、ますます変化が激しさを増す世界にあって、わかりやすい原則を精選したほうが無味乾燥な規則や手続きや経営方針を羅列した冊子などより有益だと考えて、企業価値《コーポレート・バリュー》を箇条書きにしているところもある。

アメリカでは、一九四〇年代にロバート・ウッド・ジョンソンがこの種の企業価値宣言を初めて書いた。ジョンソンの「我が信条《クレド》」は、若干の変更があるものの、現在でもジョンソン・エンド・ジョンソン（J&J）幹部のオフィスで見ることができる。この文書を初めて読んだ人はごたいそうな感じを受けるだろうが、J&Jの重役たちはことあるごとに、これは企業における経営者のあり方を教えてくれると言っている。

幸之助は、J&Jの「我が信条」が発表される一〇年も前に、みずからの経営理念を明文化した。[*2] 幸之助はこの「松下電器の遵奉すべき精神」を一九三三年（昭8）七月三一日に「所主《しょしゅ》通達」第二号として従業員に伝え、全社一丸となってこれらの理想に邁進してほしいと要請した。

産業報国の精神――品質の高い製品とサービスを適正な価格で提供することによって、社会全体の富と幸福に寄与すること。
公明正大の精神――取引においても個人の振る舞いにおいても公正と誠実を旨とし、常に先入観のない公平な判断を心がけること。
和親一致の精神――相互信頼と個人の自主性を尊重したうえで、共通の目的を実現するための能力と決断力を涵養すること。
力闘向上の精神――いかなる逆境にあっても企業と個人の能力を向上させ、永続的な平和と繁栄を実現する企業の使命を達成すべく努力すること。
礼節謙譲の精神――常に礼儀正しく謙虚であることを心がけ、他人の権利と要求を尊重することによって、環境を豊かにし、社会秩序を守ること。

一九三七年（昭12）には、さらに二つの〝精神〟が加えられた。*3

*3－2
三井のような老舗企業のいくつかは、一七〇〇年（元禄13）頃すでに基本的な社是を文書にしている。松下幸之助はおそらくはこれを知っていた。しかし、日本の内外を問わず、近代的な体裁を整えた綱領を作成した大企業は松下電器が最初である。

順応同化の精神——自然の摂理に従い、常に変転する環境条件に合わせて思想と行動を律することによって、あらゆる努力において、徐々に、しかし着実な進歩と成功を収めること。

感謝報恩の精神——受けた恵みや親切には永遠の感謝の気持ちを持ち続け、安らかに喜びと活力をもって暮らし、真の幸福の追求の過程で出会ういかなる困難をも克服すること。

このような経営理念は、とりわけ西洋では懐疑的に受け取られることが多い。というのも当たり前すぎる無意味な標語と見たり、人を操作したりする意図があるのではないかと訝《いぶか》る傾向があるからである。儒教の伝統が色濃く残る東アジアではこの種の理想が受け入れられやすいと言えるのかもしれないが、日本人のなかにも、あるいは松下電器にも、こういった理念にシニカルな反応を示す人がいるだろう。

幸之助は、この経営理念を毎朝の集会で従業員に大声で唱和するよう命令した。ある者はそういう儀式を堅苦しいと感じ、またある者は大げさだと感じてためらった。それでも幸之助は主張を通した。「人間は時として、その醜く弱い本性の奴隷となることがある」と彼は従業員に語った。「しかしながら、自分自身のために高い目標を掲げ、毎日それを考えていれば、諸君は一歩一歩それに近づき、より良い人間に、より幸福な人間になれるだろう」。

朝礼と綱領朗唱に対する当初の抵抗は徐々に衰えていったが、完全になくなったわけではなかった。山下俊彦は「一九三七年（昭12）に松下に入社した時、朝会で綱領と信条を唱和し、社歌を歌うのが嫌で嫌で仕方がなかった」と述べている。しかしそのうち、綱領や毎日の儀式に対する山下の気持ちは変化していった。ついには「奉仕や誠実、そしてチームワークについてのすばらしい考えが徐々に心に染みるようになっていった」と彼は語る。

こういう高邁な価値観を掲げた組織を経験したことのない者にとって、山下の言葉を信じるのは難しいことかもしれない。しかし、この場合の証言は明快である。多くの松下電器の社員にとって、この七つの〝精神〟は単なる標語以上のものになっているのだ。彼らにとって、一見すると陳腐で感傷的なこれらの理想は啓発的な生活の指針だった。創業初期に培われたビジネス慣行や企業の使命感、そして家電製品製造業の枠内に留まるという幸之助の主張とあいまって、この新たな指針が会社における行動規範の明確化と動機づけに役立ったのである。

一九三二年（昭7）の「真使命宣言」と一九三三年（昭8）の〝精神〟の発表以前からすでに、松下電器には献身的で活気にあふれる労働者たちがいた。その理由は、家父長制的な労使関係

＊3－3
これらの経営理念には、何年もの間に何種類かの英語訳が出ている。ここでの筆者の引用は英語版の幸之助の自伝による。一九九三年（平5）に出された公認の版では若干異同が見られる。なお、松下電器では、一九二九年（昭4）に、正式な「綱領」と「信条」が定められ、その後度々改訂されて現在に至っている。また、今後、口語化を進めることが公表されている。

（一九二〇年〔大9〕に従業員のための組織、「歩一会《ほいち》」が結成され、文化や娯楽、スポーツなどの行事を支援していた）、異例なほど緊密なコミュニケーション（一九二七年〔昭2〕には社内報『歩一会会誌』が発行されている）、あるいは幸之助その人の信頼感と模範的行動に由来していたかもしれない。とはいえ、一九三三年（昭8）以降従業員数が増え、一般的には組織の巨大化につれて人間関係が希薄になるのがふつうであるにもかかわらず、松下の労働者は一致団結してますます他社との競争力を高めていった。[*4] 多くの従業員は、自分たちが公明正大な大義によって結びついていると信じるようになっていった。天理教団の人々のように、彼らもまた嬉々として熱心に仕事に取り組む。依然として彼らには競合他社のように技術的資産があるわけでも、資金が豊富なわけでもない。それでも勝利に次ぐ勝利を収めていったのである。

この使命と経営理念の存在そのものが、このようなすばらしい反応を呼び起こすのに役立った。かりに、広範な人間としての価値に通じる感情のためにではなく、年に一五％もの売上げ拡大のために働くことを毎朝誓えと言われたら、従業員があれほどの反応を示したとは思えない。頭ごなしに狭量な金銭的目標を押しつけたりすれば、最も悪い意味での専制的で強欲な社長と見なされたことだろう。

だが、のちの企業事例を見れば、どんなに経営理念が魅力的でも、人間に本来備わっている疑い深さを乗り越えるには不十分であることは明白である。アメリカでも多くの企業が一九八〇年代に同様の経営理念を採用したが、従業員を結束させ、活力を引き出すことには失敗した。そういう理想が信用できないとか不適切だというのではなく、陳腐だという理由で受け入れられなかったのである。

松下電器の場合、大仰な文体に現実味を帯びさせた力は、紋切り型の話術に基づくものではなかった。幸之助の弁舌が巧みだったと言う者は一人もいない。そうではなく、模範となることで示すリーダーシップが秘訣だった。幸之助自身が、使命と経営理念を深く信じて行動するようになった。だれの目にも映るその行動が、経営理念に掲げた目標や価値観に見合ってきたのだ。彼はまたその指針と合致した組織制度も作り上げた。その効果たるや絶大だった。一致団結した力が全社員にあるメッセージを放射し、徐々に信頼関係のなかで意思疎通が図られ、自己保身のための利己的な鎧を外させたのである。

◉ 非欧米的リーダーシップの大企業経営

もちろん、だれもがこの高邁な理想に夢中になったわけではない。左翼勢力は資本主義による

＊3－4
崎谷哲夫は本田技研について書いた著書のなかで次のように述べた。「第二次大戦が終わるまでは……日本のほとんどの大企業が財閥の支配下にあった。これらの企業のエリート社員たちは強い忠誠心を持っていたが、低賃金で働く労働者たちは会社に対する一体感をほとんど持っていなかった」。

搾取だと見なした。右翼は、民族主義的な美辞麗句が見当たらないことに苛立った。西洋人の目には、結果として生じた松下電器の行動がうす気味悪い宗教団体のように映った。にもかかわらず、その使命と経営理念が松下電器の成長を促進していることだけは疑いようがなかった。

アメリカとヨーロッパの大半の国が経済的ブラックホールに深く呑み込まれつつある時、活気づいた松下電器は拡大を続けていた。一九三二年（昭7）には貿易部が設置され、配線器具と乾電池が輸出された。一九三五年（昭10）には松下電器貿易株式会社を設立して、積極的に輸出を推進し、同年、奉天とマニラに駐在員事務所を開設した。販売網は中国、朝鮮、台湾にまで拡大された。一九三六年にはさらに六つの海外支店が開設され、東南アジアにも販売拠点を築いた。

そしてついに一九三五年（昭10）一二月一五日、松下電器産業株式会社が誕生した。株式発行の際、幸之助は従業員の株式所有を促進する計画をいくつも立てている。さらには、自社の流通組織で働く人々の所有者としての心理的自覚を促すために、松下電器の販売代理店向けに使命と経営理念を記したパンフレットも発行した。幸之助の目には、販売店網の成長こそが競争で有利に立つうえでの要だと映っていたので、彼は代理店の人々とも親身になって付き合った。

パンフレットには、こんなことも書かれている。

「もしあなたがたが、製造会社を販売代理店の工場の一つと考え、販売代理店を製造会社の支店の一つと考えるならば、努力して互いに助け合うことの大切さがわかってもらえると思います。私たちは、自分たちの知識の及ぶ範囲で、あなたがたの店の経営に関する助言を提供していくつもりです。私たちが互いに精神的に成長していけるように、親密な関係を促進し、その時代時代にふさわしい真実の経営の道を切り開き、築き上げていきたいと思います。私は、相互の繁栄を目指し、幸福な生活を創造するために、互いに協力し合わなければならないという信念をますます強くしております。ところが、事業の規模が拡大していくとえてして経営に緩みが出て、社員の間に驕《おご》りが生じてくることに気づいたのであります。私たちはこういう事態をなんとしても避けなければなりません」

早くも一九三〇年代の半ばに、幸之助は成功した企業にとって最も危険なのが驕りであると見ていた。さらに重要なことは、この問題を解決しうるある方法——遠大な人道主義的目標——を見出したということである。あなたの使命はこの地上から貧困を撲滅することだと言われれば、現状に満足し、傲慢になってはいられなくなる。

松下電器の将来のビジョンは数々の重要な目的を実現するのに役立つようになった。それは従業員を鼓舞した。勤勉さを促進した。自分たちの成功に溺れすぎないようにした。そして何よりも、社長である幸之助にとって、自分の宿命に対する一つの答えであったかもしれない。

その目標は生涯をかけた努力になるだろう。世界から貧困をなくし、彼が若い時に経験したような貧困にまつわる諸問題を消し去ることのできる企業を建設すること。それは彼の人生と過去の苦難に意味を与える使命でもある。自分の成功に対する罪悪感から解放してくれる宿命であり、感情を込めて積極的な方法で自分を関与させることのできる宿命でもあった。そして、人として、経営者として、リーダーとして、みずからを鼓舞するような天職の自覚でもあった。

一九三二年（昭7）の真使命宣言の演説に続く一〇年は、会社にとっても創業者にとっても、理想主義的な小規模組織から大規模な販売を目指す企業への過渡期であった。その過程で幸之助は、平均的な日本のビジネスマンからますます逸脱していった。「集団」を重視する社会にあっては、個人が目立つということは想定されていない。社主を含めてほとんどの重役でさえ、企業全体の一部として隠れてしまう。幸之助とたびたび会う機会のあった名和太郎（元朝日新聞編集委員）は、この点について次のように述べている。「日本には古くから『出る杭は打たれる』という言い回しがあります。たとえ会社の社長であっても、自分の性格とか個性を主張することはめったにない。それは日本文化に反するものなのです」。

幸之助は自分の個性と信念を主張した。その結果、松下電器のなかにあってただ一人、際立って目立つ存在となった。そういう彼を、変わった性格で理解に苦しむと感じた社員もいる。しかし、ほとんどの社員は幸之助の実績と勤勉さと理想に感銘を受け、異様なまでに情熱的で献身的な彼の指導に従ったのである。

8 事業部制の創設
Creating "The Division System"

◉ 多数の事業部から構成される大企業

創業当初はまともな組織などなかった。幸之助とむめの、それに二、三の協力者が必要だと思われることをしていたにすぎない。その後、徐々に専門部署が導入され、一九二〇年代の初頭には製造部門、経理部門、販売部門、技術部門などに分かれた伝統的な組織が出来上がった。

一九三三年（昭８）五月、幸之助は会社を製品ごとに再編成した。第一事業部はラジオの製造。第二事業部はランプと乾電池を主に製造する。第三事業部は配線器具と合成樹脂。第四事業部は電熱器類――アイロン、あんか、暖房器具――を扱う（第四事業部の設立は一九三四年）。それぞれの事業部は一定数の専属工場と販売支店に対して責任を持つ。そして製品開発から製造・販売まですべてを任せられた、ある程度独立性を備えた組織として成長していった。

これら四事業部の事業部長たちは、製品そのものに関する権限は小さくなったが、事業展開やその結果に関してはより広範な責任を負うことになった。第一事業部の責任者がランプや電池、配線関連器具、電熱器類、あるいは合成樹脂の分野に首を突っ込むことはなくなった。もっぱらラジオだけに集中し、ただ作ったり、売ったり、設計したりするだけでなく、一つの独立した事業ととらえるよう求められた。

これは当時としては異例な配置だった。一九世紀に近代的企業が誕生してから一九二〇年代まで、製造企業は松下電器がたどった初期の経路——すなわち専門化していない状態から、同種の仕事をする全従業員が一つの大きな事業部に配属される職能別の組織形態への移行——と同じ経路をたどっている。最初に職能別の組織構造から進化していった会社としてはGMが知られている。一九二一年(大10)、アルフレッド・P・スローンは、この自動車会社を「事業部《ディビジョン》」に分割し、各事業部に製造・販売・経理・人事の担当部署を設けた。事業部ごとに違う車種——ビュイック、シボレー、オールズモビル、キャディラック——を製造し、それぞれ異なる顧客を持っていたという点で、事業分割は明確であった。

このような新しい組織形態は第二次大戦後になってようやく一般的になった。事業分割を早々に取り入れた企業として広く知られるゼネラル・エレクトリックが組織構造を転換したのは一九五二年(昭27)である。一九六〇年代になると、数百の大手製造企業が同様の改革を行ったが、その多くは経営コンサルティング会社マッキンゼーの協力を得たものだった。それでもなお、一九三〇年代の松下が行ったような、大胆な組織分割と権限委譲を断行した企業はほとんどない。

歴史的資料からはっきりと証拠づけることはできないが、松下電器が世界で最初に組織分割を採用した企業の一つに数えられることはほぼ間違いない。この分野での幸之助の指導力は、GMなどを模倣した形跡がまったくないことからして、きわめて傑出している。彼はただ、その時点で自分の新たな使命と綱領を実践するにふさわしいと思えることをしたにすぎなかった。

松下電器に事業部制という着想が生まれたのは、電熱器の製造を始めた一九二七年（昭2）に遡る。この時幸之助は、電熱器の製造開発全体を中尾哲二郎に一任した。この措置は規模の経済の観点からすると若干の損失はあったものの、多くの点でメリットがあった。より大きな責任を与えることは各事業部の責任者が一人の実業家、企業家として成長するのに役立つ。組織の他部門から独立していることは、スタッフの創造力と意欲を伸ばすことにつながる。小規模で目的がはっきりしていると、従業員一人ひとりが事業全体を幅広い視野でとらえるようになる。

一九二七年の時点では、社内のほとんどはなお職能別の事業組織だった。このような職能別の単位が増えていくにつれて、従業員の仕事はますます細分化されていく。一九三〇年（昭5）、幸之助は、従業員がより大きなイメージ――客を満足させること、利益をあげることなど――を思い描くことができなくなっているのに気づいた。それどころか、ますます幅の狭い役割――製品に絶縁体を取りつける、受け取った現金を帳簿に書き入れる、求職者を審査するなど――に閉じこもるようになっている。さまざまな事業の経営全体の責任を感じているのは、幸之助や井植をはじめとする少数の幹部だけだった。製品に対する責任感を組織の末端まで行き渡らせ、新たに創設された事業部の売上げや市場シェアや利益率を計算させることによって、幸之助はこうした傾向を変えようとしたのだった。

会社が大きくなるにつれて、幸之助と幹部社員は、この先利益率の成長が制限されるとしたら、市場によってではなく、むしろ経営の才が不足することによるのではないかという危惧を感じ始めていた。彼らの望みは、組織を事業別に再編成し、より多くの従業員にもっと権限や、仕事を通じて成長できる機会を与えることによって、「経営能力のある人材を育成する」ことだった。

幸之助が一九三三年（昭8）に事業部制を発表した時、彼は二つの目標に重点を置いた。第一の目標は、事業の成果について責任の持てる従業員の数を増やすこと、第二の目標は、経営者の育成だった。この二つの目標を結びつけるのは、小企業が大企業に勝《まさ》っている点を保持し続けることであった。多数の小さな会社からなる大企業というのが全体像だった。

「事業部制は製造分野を限定し、生産と販売を直接結びつけるものでありますから」と幸之助は述べている。「注意深い経営を行えば、市場の動向にすぐ反応できる、機能的な生産体制を実現できます。これが小企業の最大の強みです★」。こうして一四〇〇人の従業員を擁する一企業に代わって、四〇〇人に満たない四つの事業部が誕生することになった。

一九三四年（昭9）初頭、幸之助は新たな組織形態について従業員に次のように説明している。

「ただまじめに働くだけでは十分ではない。どんな仕事をしているにせよ、自分が社長であると思って、自分自身の仕事に対して責任を負わなければならない。そうすることによって、製品がどのようにして作られ、どのようにして新しい発見が生まれるかが理解できるようになるし、自分自身の成長を促すことにもなるだろう」

各事業部が、それぞれ独立した事業を遂行していると感じさせるために、最初は事業部から事業部への資金の移行が禁じられた。そのため各事業部は、会社の本部の援助なしに自前で決済しなければならなかった。この措置は社内での一定の競争を生み出すことになった。それは前代未聞の、物議をかもす、強力な措置だった。

松下電器の初期の事業分割について、詳しい資料は残っていない。比較的古くて小さな二つの事業部に関してまとめられた一九七〇年代の報告書があるが、おそらくそれは一九三〇年代に幸之助が抱いた構想をよく物語っているものと思われる。

電気アイロン事業部では、工場労働者は製造工程に応じて、一二のチームに分割されていた。各チームは五人から一五人程度で構成され、他のチームから引き受けた製造仕掛品に付加価値をつけたうえで、別の生産チームに引き渡す。また、それぞれ責任者がいて、部品の価格、生産量や賃金の基準などを監督することになっていた。責任者にはチームの毎月の経理報告が渡され、操業を調整して、事業全体が成長し、利益があがるように工夫することが期待されていた。[*5]

乾電池事業部には二つの小工場があり、それぞれ一つの生産ラインしかなく、従業員は三〇名ほどだった。規模の経済が小さく、最新の設備に恵まれていたわけでもないのに、どちらの工場もコストはきわめて低く抑えられていた。九州の工場では、労働者数が四〇名から三二名に減ったにもかかわらず、生産量は三〇%も増えた。名古屋工場では、異なる二つの仕事を同時に可能にする湾曲した組立ラインを採用することで生産性を上げていた。生産目標が、工場全体、チーム別、個人別にきめ細かく設定されていた。

アイロン事業部においても乾電池事業部においても、権限の委譲は各トップや工場長のレベルに留まるものではなかった。従業員の積極的な関与が求められた。かなりの権限と独立性を組織の末端にまで行き渡らせることによって、労働者のエネルギーと「集団の知恵」を引き出そうとしたのである。同時に、事業部制では、そういう末端の労働者にも責任が求められた。従業員は、たとえコストが高く利益が低くてもだれも解雇されないが、業績が悪いままでは許されないということは知っていた。名古屋工場では労使双方が、業績が良くなければ工場は閉鎖され、何百キロも離れた九州工場へ移されてしまうということを自覚していた。

幸之助は自身で全事業部を監督していた。各事業部のトップにたえず状況を尋ね、報告を受け、そして助言を与えた。「調子はどうか。何か問題はないか。このアイデアを検討してみてはどうか」。彼は財務資料をこと細かく点検し、弱い部分を洗い出そうとした。欠点が発見されると、重役たちに必要な改善措置を取らせるために手助けをしてやった。問題があまりに大きかったり、彼らがすぐに問題解決に当たらなかったりすると、大声で怒鳴ったと言われている。事業部の責任者としての落ち度がはっきりすると、その重役は別の地位に移された。ただしプライドを傷つけるのは最小限に留めるような配慮はなされた。この社長のスタイルには厳しさと優しさがないまぜになっていた。

◉ アメリカ式とは異なる松下式事業部制

当時の松下電器は従業員が多くはなかったので、採用した事業部制は、のちにこの機構を採用したGMなどの大企業よりも、各事業部の独立性がきわめて大きかった。とりわけ信頼関係という基本的な点で、西洋の基準をはるかに超えるものだと指摘する向きもある。経営学者の由井常彦は「松下式の事業部制は他者への信頼を前提にしています。だから、常に監視している必要はありません。これは典型的なアメリカ式の事業分割とは非常に異なるのです」と述べている。

表面的には、松下電器における事業部の独立性は、二〇世紀半ばの複合企業体《コングロマリット》に似ているように見えるが、それは見かけにすぎない。ほとんどのコングロマリットでは、資金と財務管理を除けば、本部が操業部門に直接口出しすることはほとんどない。松下の組織では、本社から各部門へ使命と綱領が通達されている。それに加えてすべての事業部が電気製品を製造しているため、

＊3-5
松下電器は、ごく小規模な企業を除けば、最も早くから幹部社員以外の従業員にも毎月の経理情報を公開していた企業の一つだと思われる。

中央の幹部は個別の事業部について十分知り尽くしていたから財務管理以上の内情掌握もできたし、適切な質問をし、必要な場合には知恵を貸すこともできたのである。

このような組織形態は日本では異例だった。一九三〇年代初頭、日本企業は職能別の縦割組織を持ち、多くの社員を抱えているのがふつうだった。さらには集団に重点が置かれ、ある特定の個人に過剰な責任が負わされることはあまりなかった。グループ全体で責任を負うのである。松下電器においても、チームは重要ではあったが、たとえばアイロン部門の責任者には権限が委譲され、アイロン事業全体の経営責任が負わされていた。同様のことが、第二乾電池工場の第四班の製造責任者にも当てはまっていた。「グループ」を隠れみのにすることは許されなかった。

この権限と責任の委譲によって、松下電器は、高度成長を遂げた企業に特有の問題から救われた。松下幸之助が神格化され、トップから企業の使命と経営理念が言い渡されるような組織になれば、一人の強力なリーダーと、狂信的だが非力な従業員ばかりの企業になってしまう可能性も十分あった。事業部制はこの傾向に歯止めをかけるのに役立ち、責任は他の幹部に移された。

幸之助は新たな役割を担うことになり、それに慣れ、学ばなければならなかった。この新制度による重役の成長の一番の好例は井植歳男だった。のちに松下電器会長に就任した高橋荒《あら》太郎もまた、力のある重役に成長した。宗教集団のような会社では、ナンバー・ツーが会社を辞めることはあまりない。たとえ辞めても、独創的でカリスマ的な事業を起こすことはまずない。だが、井植は第二次大戦後、三洋電機を創設した。

◉ 事業分割の利点と問題点

事業部制が松下電器という組織の旗印となった。これが功を奏したことは、あらゆる資料からも歴然である。経営規模の拡大は、従業員が一〇〇〇人を超えてからはペースが緩くなった。とはいえ松下電器はその使命を原動力にして、事業部制を導入してからは一九三〇年代を通じて急速に成長していった。

一九三二年（昭7）四月には貿易部が設置された。日本の電気機器製造業としては初めてのことであろう。一九三三年には、三〇〇種以上の製品が製造されるようになった。一九三五年（昭10）一二月、松下電器は九つの子会社と四つの関連会社を擁する正式な株式会社となった。一九三六年には、電球、扇風機、電蓄、拡声装置、電気スタンド、時計などの製造が始まった。一九三七年には、蓄電池、レコード・プレーヤー、アンプ、マイクロフォン、ラッパ形スピーカー、ヘアドライヤーなどの製造設備が増強された。この間、従業員数は一九三三年（昭8）の一八〇〇人から二一八三人（昭9）、三五〇〇人（昭10）、四〇〇七人（昭12）、六六七二人（昭14）、九三四六人（昭16）と推移している。

GMと松下電器が事業分割で成功を収めたにもかかわらず、一九五〇年代の終わりから六〇年代の初めになるまで、このような組織改革を採用した会社はほとんどなかった。単品製造のために、分離独立の組織形態への移行ができない会社もあったが、多くの場合、大組織では上層部の職権の力が弱くなるので、変化には軋轢が生じた。あるいは、経営的な才覚に乏しい中間管理職を信頼できなかったり、各事業部の連動が不十分であったりするために、上層部が新たな経営方式の採択を躊躇するケースもあった。

松下電器には、それほど厳しい抵抗を受けずに組織を変えられるだけの特殊な条件が揃っていた。同社には、分離独立した事業部に移行しうる複数の生産ラインがすでにあった。また、強権的で視野の狭い人物が牛耳っている巨大な縦割の部署は存在していなかった。何よりも、他者を信頼することを信条とする社長がいた。そして、すべてのグループを同じ方向に引っ張っていけるだけの強力な企業文化があった。

分割された組織の常として、職能別の縦割組織よりも、それぞれの部門の独立性は強くなる。しかし、企業全体が長期的に成功するには、独立した各事業部が自分の殻に閉じこもって各々の利益を追求するのではなく、共通の利益のために働く必要がある。そのような企業をまとめることはきわめて難しい。松下電器は、より大きな幸福に重きを置くという強力な企業文化によってこの問題を解決した。一九三三年（昭8）以降の松下電器がこれほどの成果を収めることができたのは、全社が一丸となった精神的つながりを抜きにしては考えられない。

しかし、事業分割を阻む強力な障害がなかったことだけで、幸之助が日本において、否おそらくは世界において、最初にこの組織形態を採用したことの説明にはならない。なぜ幸之助が他の企業よりはるか以前にこの組織構造を取り入れたのかという問いに対して、彼をよく知っている人は、同じような返答をする傾向にある。すなわち、彼が病弱だったからである、と。

一九一三年（大2）頃、初めて現れた健康問題は、一九二〇年代と三〇年代の初期を通じて、断続的に続いていた。幸之助はその著作のなかで、病気については概して曖昧にしか語っていない。結核、肺の病と言うこともあれば、病気とだけ言う場合もある。いずれにせよ、周期的に病に臥していたので、やむをえず他人を頼るよりほかはなかったのである。多くの人が指摘するように、事業部制は自然な成り行きだった。

他の要素も重要である。彼は新しいアイデアに対して寛容だったし、人並みはずれた独立心を持っていたから、同業他社の模倣に甘んじていられる性分ではなかった。小企業を展開してきた二〇年の経験から、彼は小規模であることの利点をよくわきまえていた。より高邁な使命に身を捧げることで、職能別の組織形態で社長に与えられる権限にはあまり関心がなくなり、むしろ事業部制で得られる結果に、より関心が向いていった。[*6] そして何よりも、壮大な目標に駆られて、より力強い組織を求めたのだろう。

＊3－6
事業分割することによって、組織の力が弱まる場合もある。社長や専門部署の重役がそれぞれの役割に与えられた権限にしがみついている場合には、このような動きに抵抗を見せる。多くの会社がこれほど長期にわたって事業分割に抵抗したということは、かなりの数にのぼる二〇世紀のトップ経営者にとってあまり誉められた話ではない。

世界中の有名企業の多くが第二次大戦後も職能別の組織に留まっていたということは、そういう組織のほうが重役たちにとって都合のいい結果を生み出すことができたからである。とりわけ変化が穏やかで、寡占状態にあるビジネス環境では、中央集権的で官僚的な事業運営は、傑出したとは言えないにしても、比較的良い成績を出せたのである。一九六〇年代から七〇年代にかけて事業別の組織形態に移行した会社でも、外部との競争があまりなく、内部の水準が低い場合には、集権的で官僚的な経営を続けられたところもある。

幸之助は、一九一七年（大6）に事業を始めた時、高い水準の経営手腕があることを示した。一九三三年（昭8）になると、それはさらに大きく、さらに広範に、さらに情緒に訴えるものとなった。

事業分割によって急速な成長が始まると、とりわけ人的資源に無理がかかった。従業員の質を向上させるために、松下電器では一九三四年（昭9）四月に「社員養成所」を開設し、一九三六年（昭11）五月には工場従業員のための研修施設「工員養成所」を作った。

幸之助は、これらの計画を長年抱いてきた夢と呼んだ。「私はこの研修所を将来会社の中核をなす若い社員を育成する場所として構想しました。全国から優秀な小学校卒業生を集め、電気工学および工場従業員にふさわしいレベルの商業学校の科目をいくつか選んで旧制中等学校程度の教育を三年間施したいと思っていたのです。学生たちは教科の学習に四時間、実務研修に四時間——合わせて八時間——を費やし、休日は日曜日だけとする。こうすれば三年間で正規の旧制中等教育の五年間に相当する教育を受けると同時に、ふつうの中等学校卒業生よりも二年早く一人前の社員になる準備が整うことになります★」。

社員養成所では、技術だけではなく礼儀も教えられた。第一に「諸君は松下電器のために働いているのではない。自分自身と公衆のために働いているのだ。諸君が出会う人はだれもがお客さんだということを忘れてはならない」ということが教え込まれた。また、「販売は重要かつ高貴な職業である」ということも教えられた。社会一般で販売が低く見なされていたなかで、松下電器は末端で働く販売員に異例の地位を与えたのだった。

幸之助と幹部社員がこの二つの養成所で教えようとしたことは、単なる実業の知識や技術ではなかった。企業の使命、経営理念、組織論、そして精神的側面も吸収させようとした。初期の従業員は幸之助から直接、その日その日の仕事を通じて学んだ。一九三五年（昭10）頃になると、管理職は毎月および毎年恒例の大規模な集会で幸之助と直接顔を合わせることができたが、新入社員はめったに創業者と会う機会がなかった。養成所は創業者の基本的考え方を伝えるための一助として構想されたものだった。

一九三五年（昭10）、幸之助が従業員向けに制定した基本内規は、新たに設立された社員養成所の教材になった。この内規のうち、第一五条にはおそらく幸之助が組織分割によって達成したいと願ったことがよく表れている。

「松下電器ガ将来如何ニ大ヲナストモ常ニ一商人ナリトノ観念ヲ忘レズ従業員マタソノ店員タル

事ヲ自覚シ質実謙譲ヲ旨トシテ業務ニ処スル事」（将来、松下電器がどんなに大きな組織になろうと、一人の商人としての控えめな態度を失ってはならない。小さな商店に雇われているという心構えを持ち、質実、謙譲の心をもって仕事に当たってほしい）

使命や綱領の場合と同じく、「質実、謙譲」という言葉は空疎で月並みに聞こえるかもしれない。だが、競争の激しい環境にあっては、複雑で無駄遣いの多い放漫な企業はえてして負けるものである。

◉ 妻むめのの立場

一九三八年（昭13）頃には、妻のむめのが仕事で何かの役割を果たすことはなくなっていた。と同時に、幸之助の私生活におけるむめのの重要性もまた小さくなっていった。

結婚生活は七〇年以上も続くことになるが、その間二人がどのような問題を抱えていたかについては、明確にわかるはずもない。表向きは、むめのは忠実な妻であり、幸之助はごくありきたりの夫だった。二人揃っていることが求められれば、そうした。

自伝のなかでは、結婚生活についてあたりさわりのないことしか書かれていない。だが、ある時点で、強い感情を備えたこの男は、自分の妻に対してその感情を注ぎ込むことをやめてしまったようだ。幸之助はその後半生で、むめのとほとんど顔を合わせていない。自伝には四四枚の写真が掲載されているが、妻の写真は二枚しか収められていないし、むめのが一人で写っている写真は一枚もない。

晩年、インタビューで彼自身が語ったむめのの像は、彼女自身と二人の長年の夫婦関係についてある程度のことを教えてくれる。幸之助によれば、彼女は気が強く、負けず嫌いで、めったに弱音を吐くことがなかったという。しかし、酒の勢いを借りてか、幸之助がいつになく率直に語っている場面では、彼女は短気で、おしゃべりで、女らしいと言うよりは男っぽく、歴史や文学や芝居には関心がなかったとも言っている。少なくとも一度だけ、彼は、結婚して間もなく二人がともに暮らし、ともに働いていた時、たびたび喧嘩をしたこともほのめかしている。

下村満子によるインタビューでは、「見合い結婚だった。当時は恋愛結婚などというものはなかった」とも述懐している。結婚後しばらくの間、二人は親密だったようだ。しかし、その関係がロマンチックなかたちで続いたという証拠はほとんどない。晩年に妻と離れて暮らした父政楠と同じ道を歩んだようなところもある。というよりも、幸之助は、出世を遂げた多くの明治男子の例にならったのだ。離婚は考えず、恋愛の相手を見つけてそのまま内縁関係を結んだ。こういうやり方は表沙汰にならないかぎり、とりわけ社会の上層部ではまったく問題なく通用したのである。*7

結婚してから最初の一〇年、むめのは幸之助の生活で重要な役割を果たしていたようだ。彼女は二人の子供をもうけ、夫を支えた時期もある。彼女の気の強さ、負けず嫌いは事業の役に立った。だが、時が経つにつれて、幸之助というドラマの中心人物ではなくなっていった。

一九三〇年代の終わりになると、ドラマの中心は会社になり、例を見ないほどの成功を収めた。従業員数は六五〇〇人を超えた。数百種もの製品を数百万人の消費者に売るようになり、収益も著しく上がった。

この中心から一つの輪が広がった。娘幸子の婚約である。それはこの一〇年を高らかに締めくくるものだった。婚約者は平田正治という、東京帝国大学法学部の卒業生である。正治の父平田栄二は伯爵であった。結婚式は一九四〇年（昭15）四月に挙げられた。披露宴は東京と大阪で催された。幸之助はまさに幸福な花嫁の父だった。

正治は三井銀行に勤めていた。一九四〇年五月、彼は三井銀行を辞めて松下電器に入社した。これは当時の日本では異例なことではなかった。[*8] 正治は平田家の長男ではなく、幸之助には息子がいなかったため、日本の伝統に則って、新たに姻戚関係に入った彼は松下の姓を名乗ることになった。

幸之助は、二〇年間でよくぞここまで来たものだと、陶然としていたことだろう。家の名誉を取り戻しただけでなく、経済面でも社会的地位の面でも、いつの時代の松下家よりも華々しい栄光を勝ち取ったのだから、幸之助の築いた富に比べれば、父や祖父の富は物の数ではなかった。歴史的に由緒正しい家と姻戚関係を結ぶことで、祖先が想像もしなかったような新たな社会的地位にまで昇り詰めた。さらには幸福な結婚をした娘がいて、どんなに出来が悪くても男の孫ができれば、自分が創設した会社を継いでくれるかもしれない。

彼の人生は、まるでおとぎ話が現実になったかのようだった。しかし、実はその時、絶頂に達したジェット・コースターが今まさに急激な下りに差しかかろうとしていたのである。

＊3－7
最近出版された、堤康次郎とその息子たちの伝記のなかで、レスリー・ダウナーはこう述べている。「日本の古典的な流儀では、家庭を取り仕切り、子供を育てるのは妻の仕事であり、その間夫の不義は見過ごされていた。……つい最近まで、日本の妻たちは夫に対して性的貞節を求めたり、期待したりすることなど、夢にも思わなかった。際限のない浮気や不貞に目をつぶる代わりに、彼女たちは家庭と生活に対する経済的援助を確保できたのだった」。

＊3－8
安田、浅野、古川、三菱などの大財閥は創業家との姻戚関係を結ぶことで、いわゆる閨閥を形成していた。

9 戦争と経営のはざまで

World War II

◉ 肥大化する松下軍需工場

幸之助が生まれた頃、欧米列強はアジアに植民地を築いていたが、さらに四分の一世紀が経過してもそれらが縮小することはなかった。一九三〇年代初頭、インド、マレーシア、オーストラリア、そして中国の一部はイギリスが統治していた。ベトナム、カンボジア、ラオスはフランスに、フィリピンはアメリカに統治されていた。極北地方は、西欧進出を目論むソビエト連邦の一部となった。アジア全体では、自国民が統治している地域は、土地面積で半分以下になっていた。

日本では数十年にわたって、アジアにおける欧米の植民地支配に終止符を打つべきだという議論がなされてきた。第一次大戦後、さまざまな動きや戦略提案があったにもかかわらず、勢いを伸ばしてきた反政党政治グループが大陸膨張政策を支持した。一九三〇年代初めには陸海軍が国政を握り始めたが、その方法論は戦争だった。その後、軍部は政治力を強め、その勢力は国境の外へと拡大していった。一九三一年（昭6）、関東軍は満州へと侵攻し、国際連盟の抗議を無視して駐留した。一九三七年（昭12）からは日中戦争が始まり、同年七月、日本軍は北京を占領した。国内では一九三七年から四一年（昭16）にかけて八回内閣が変わり、そのたびに軍事色が濃くなった。海外では、正式な宣戦布告もなしに侵略が続いていた。日本軍はほぼ中国全土を制圧し、一九四〇年（昭15）の終わりにはインドシナに侵攻した。

一九四一年（昭16）一二月八日、真珠湾の奇襲攻撃によって、アメリカとの戦争が始まった。日本軍は短期間のうちに、次々と勝利を収めていった。一九四二年（昭17）二月一五日、イギリスからシンガポールを奪取し、四月九日にはフィリピンのバターン半島でアメリカ軍を制圧した。五月六日、アメリカとフィリピンの連合部隊はマニラ湾のコレヒドール島で降伏した。

この目覚ましい勢いは、日本海軍が同年六月、ミッドウェー海戦で敗れると衰え始めた。以降、連合国軍は徐々に戦局を有利に展開し始める。最後には二発の原子爆弾で決着がついた。一発は一九四五年（昭20）八月六日に広島を破壊し、もう一発は八月九日に長崎に落とされた。その後間もなく戦争は終結し、日本は経済的混沌に陥った。

終戦時、松下電器は創業二八年を迎えていた。幸之助は、家族の悲劇による経済的打撃から四〇年かけて這い上がってきたところだった。すでに五〇歳となり、事業の成功の果実を味わってもよい時に、彼が目の当たりにしているものは、貧苦にあえぐ国と処罰を受けた企業だった。

日本経済の軍国主義化は、公式には国家総動員法が制定された一九三八年（昭13）に始まる。一九三九年（昭14）三月、非軍事産業のすべてに雇用制限が適用された。一〇月には価格統制令が施行された。この時期、陸海軍のための物資を生産する企業が増加していった。

軍需物資の大手製造企業は、政府と軍部の緊密なつながりを持ち、ほとんどの産業を支配していたコングロマリット、すなわち財閥だった。[*9] そのビッグ4は三井、三菱、住友、安田だった。古河、大倉、浅野などもこれに加わり、さらには日産や中島のような新興企業連合もあった。

一九三八年（昭13）の初め、松下電器が製造している軍需物資はごくわずかだった。だが戦争が進むにつれて、松下電器をはじめとする多くの企業はますます陸海軍の政策の道具になっていった。東海精機（現本田技研工業）は海軍と中島飛行機会社に部品を納めることを求められた。また、東海精機は飛行機のプロペラを製造するための工作機械も発明している。松下電器は、電気製品のほかにも、銃剣、木製のプロペラ、木製の船と飛行機を軍隊に納めている。軍需に応じて経営資源を残しておくために、ストーブ、扇風機などの生産は中止し、一般消費者向けのラジオ、乾電池、電球などは減産しなければならなかった。

一九四三年（昭18）四月に資本金一〇〇〇万円で設立された松下造船株式会社は、戦争の趨勢を引っくり返そうとする絶望的な企ての一環だった。幸之助自身が幾度となく述懐しているように、この会社には造船の経験も専門的技術もなかった。「自分たちに自由に使える造船施設がすでにあったというわけではなかった。土地も労働者も技術もなく、このような事業を起こすに必要な資金もなかった。薄い空気から木造船を造るという手品のようなことをやれと求められたようなものだった」★。

この造船会社の社長を務めたのは井植歳男で、幸之助が会長だった。造船所は大阪の堺、秋田の能代《のしろ》に建設された。だが、次から次へと問題が生じた。工場へ通じる適当な道路がなかった。水はトラックで運び込むしかなかった。労働者はあまりに少なく、しかも造船については何も知らなかった。設備らしいものはほとんど何もなかった。

一九四三年（昭18）一二月一八日、第一船が進水した。休日なしの長時間労働によって経験を積むにつれて、生産性は六日で一隻の船を建造できるほどに向上した。このような状況下で、これほどの生産効率に達したのは大きな成果だった。

木製の飛行機製作はさらに異様だった。幸之助は銀行から三〇〇〇万円を借りて、大阪の住道《すみのどう》に四〇万平方メートルの土地を買った。結局飛行機は四機しか製造しなかったが、専門的知識がまったくなかったという点から考えると、驚くべきことだとも言える。

戦争が進行するにつれて、松下電器は成長すると同時に変化していった。事業部制は、工場と

＊3-9
一九三七年当時、日本の各産業部門では上位三社が生産を支配していた。たとえば、石油九一・一%、鉄九七・八%、アルミニウム九一・八%、造船六七・五%、自動車一〇〇%、ボールベアリング一〇〇%、硫酸六〇・七%、板ガラス一〇〇%、紙八三・一%、小麦粉七一・七%、タール九九・四%、セルロイド七七・七%などとなっている。

生産に重点を置く組織形態に道を譲った。軍事的勝利の後を追うようにして、海外事業も拡大していった。一九四一年（昭16）、朝鮮ナショナル電球が京城（現ソウル）に開設された。一九四二年（昭17）には、北京に松下電器貿易駐在所、京城に朝鮮松下無線、台北に台湾松下無線、ジャカルタには乾電池会社が設立された。飛行機製作事業に着手した一九四三年（昭18）には、マニラに電球工場が開設され、製材会社を買収し、松下工業研究所もスタートした。一九四四年（昭19）には滋賀県の瀬田、大阪府の四条と今市《いまいち》、兵庫県の北条にも工場が増設された。

従業員数は増え続けた。一九三〇年代には三五％だった売上高の伸び率が二五％に落ち込んでもなお、事業は驚異的な拡大を見せた。終戦時、松下は二万六〇〇〇を超える従業員を抱えていた。もし日本軍が勝利し続けていたら、松下電器はアジアにまたがる大企業になっていただろう。

この時期、だれもが厳しさを増す条件下で働いていた。資材も経験も資金も必要な時間もないというのに、松下電器は飛行機や船を大量生産することを求められた。戦争末期になると、従業員は生活必需品も食料も欠乏し、たえず爆撃におびえながら生活することを余儀なくされた。

一九四五年（昭20）八月に日本が降伏した時点で、松下電器は戦前とは違う組織になっていた。六七の工場を有する大企業になっていたのである。さらに重要なことは、独創的な〝一般消費者向け〟家電製品メーカーとはもはや呼べなくなっていたことだった。会社の大部分が軍需工場として活動し、松下電器全体が一九三九年（昭14）当時よりも中央集権化されていた。市場開拓の知識は失われ、負債がいたるところに残り、従業員は疲弊していた。

◉ 企業家としてのリアリズム

松下幸之助は戦争に熱狂していたわけでも、軍部のお先棒を担いだわけでもない。だが、ほとんどの国民と同様に、一九三〇年代後半から四〇年代前半にかけての時局の流れに抵抗しなかった。彼自身も、欧米列強からのアジアの「解放」をある程度信じていたにちがいない。いやそれ以上に、全員が一丸となって天皇を支えるという国民文化の申し子だった。神々の子孫である日本の国家元首に異議を唱えることは許されず、ただ従うしかなかった。天皇が戦争は正しいと言えば、議論の余地などなかったのである。

自伝のなかで幸之助はこう言っている。「当時は、自分たちの生命をなげうってでも国のために尽くさなければならないという時代でした。つまり、軍から命令があれば、船であれ飛行機であれ、何でも造るしかないのです。自分の感情としては、命令に応じることで、国に対する忠誠心を示そうとしたのだと思います★」。戦争が終わると、その言葉には留保がついた。「おそらく、海軍の命令は拒否すべきだったでしょう★」と彼はある時点で語っている。しかし、一九四〇年代の初めには、軍部に楯突くような姿勢はほとんど示していない。

戦争によってやっかいな問題が生じた。真珠湾攻撃の直後も、松下の従業員は綱領を毎日繰り返し朗唱していた。しかし、戦争に参加することで、会社は人類を救い、貧困を撲滅することに役立っているのだろうか。軍の残虐行為についての報道は、日本では完全に隠蔽されていたが、軍隊が人を殺していることくらいはだれでも知っていた。暴力や殺人がどうして人道主義的な哲学と相容れることができるのだろうか。

軍隊の動きに歯止めをかけたいと願うことは現実的でないにしても、少なくとも理屈のうえでは、なんらかの道義的抵抗のかたちは取りうるはずだった。幸之助が戦争についてわずかに書いたり語ったりしたことを総合してみると、戦争に協力しないことは、軍への、国民への、自社の従業員への、そしておそらく自分自身への裏切り行為だと見なされると感じていたことがわかる。一九四〇年代に入ると、自分は何にいちばん強い忠誠心を持っているのかと考えざるをえなくなった。自分自身に対してだろうか。家族に対してだろうか。国家に対してだろうか。それとも会社に対してだろうか。

幸之助はどのような道義と価値観を信じていたのだろうか。というのも、幸之助は、同世代の日本人がみなそうであったように、戦争の時代についてほとんど何も語っていないので、この問題を心のなかでどのように解決したのか、確かなことは何もわからないのである。

彼の行動を見るかぎり、会社を第一に考えていたことはほぼ間違いない。あのおぞましい戦争の間、彼は会社を守り、成長を続けさせる手段を講じた。一時期、会社の綱領を朗唱する儀式は中止された。理想的な綱領と日々の現実問題との間に齟齬が生じると、彼は人道主義的な会社の使命を下位に置いた。

幸之助は、ほかに現実的な方法はないと考えたのだろう。その気になれば軍部は一瞬にして彼を叩き潰すことができるのだ。あるいは、一九二〇年代から三〇年代にかけての目覚ましい成功が彼の判断に影響していたかもしれない。何といっても、彼は今や裕福で、有名で、特権階級と姻戚関係を結んでいた。いや、もっと金持ちになり、もっと有名になるのが彼の運命ではなかったのか。彼が軍部と対立するなどということはありえなかったのではなかろうか。

皮肉なことに、この現実的な選択と世間に知れ渡った会社の綱領と人道主義的な目標が、戦争終結とともに幸之助とその会社にとって大問題になるのである。

◉ 戦争が与えた教訓

戦時中、幸之助をはじめとする経営幹部は、ますます困難を極める情勢を乗り切るのに必死だった。財源が軍部の支援のために使われるようになればなるほど、一般消費者が電気製品を買うための現金はますます減っていった。経営陣は動きの少ない市場、あるいは縮小する市場でなんとかシェアを高めようとしたり、海外に進出したり、あるいは新製品の分野を開拓したりすることで難局に対処しようとしていた。一九三〇年代には、新製品を出し、コストを下げ、事業の継続に努めた。ランプや乾電池、ラジオなどはまだ生産が可能だった。しかし、資材の不足や割当制があらゆる仕事を複雑にし、市場の動向を探る代わりに政府や軍部官僚たちと折衝することは、大いに不満なことだったろう。

このような苦難の歳月のなかで意気消沈してしまう者もあったが、今回もまた危機感が幸之助を奮い立たせた。一九四〇年（昭15）までは、たびたび彼は病に倒れていた。ところが戦争が始まると、体重が増え、静養を必要としなくなったのだ。ある意味、彼は、戦争から抜け出そうとすることによって、それまでより力強い男となったようである。

一連の長い危機と板ばさみと紛争に直面し、生き残った。そして、大きな企業を経営する手法も学んだ。一般消費者向け電気製品の領域とは無関係な事業も引き受けた。彼が戦争体験から深い精神的教訓を学んでいたという証拠はないが、少なくとも、困難な問題に進んで立ち向かおうとした心に、その教訓の種はしっかりと植えつけられていたのである。

一九九〇年代から振り返れば、あの過酷な世界大戦は日本と松下電器と幸之助の役に立ったように思える。結果として、あの災厄のおかげで三者とも力強くなり、国際経済で抜きん出た存在になったのだから。

とはいえ、一九四五年（昭20）、日本が降伏した年の秋は、お先真っ暗に思えた。実際、それに続く二年間、経済情勢は悪化の一途をたどるばかりだった。

◉大企業にとっての本当の敗戦

一九四五年（昭20）九月二日、松下電器はＧＨＱ（連合国軍最高司令官総司令部）から、全生産を停止せよとの指令「一般命令第一号」を受け取った。同時に資産を確認して報告書を最高司令部へ提出するよう言い渡された。許可なくしては、いかなる資材の使用も固く禁じられた。その直後、占領軍は、日本のあらゆる制度を改造し、経済を根本から組織し直すことを明らかにした。この改革はただちに着手され、松下電器はほとんど壊滅状態に陥った。

一一月、三井、三菱、住友、安田の持株会社は、巨大な独占トラストの「財閥」に指定され、解散の命令を受けた。三井、岩崎、住友、安田の四家は財閥家族と呼ばれ、新たに制定されたさまざまな法律と規制に従うことになった。一九四六年（昭21）三月、日産、鴻池、理研、古河、松下電器を含む一〇社が財閥に適用された資産凍結令を追加適用された。六月になると、松下家は古河、川崎、野村などとともに財閥家族の指定を受けた。同年一一月、ＧＨＱは、財閥企業の重役以上の役職に就く全員を会社組織から排除する命令を出した。[*10]

これらの政策による影響は多大なものだった。幸之助は巨額の個人負債とともに会社から追放され、会社も分断された。海外にある三九の工場は現地の政府に接収された。国内の一七の支社は占領軍当局によって強制的に独立会社にさせられた。終戦当時約二万七〇〇〇人いた従業員は、一九四七年（昭22）に七九二五人にまで減少した。

この時点で、松下電器と創業者にとってその将来は暗たんたるものだった。だが、幸之助のそれまでの経歴を知る人々には可能性が見えていたかもしれない。彼が苦難を克服することで成長するさまをつぶさに見てきた人たちには、彼の復活が予言できたであろう。

そして事実、驚異的な復活を果たしたのだった。

＊3－10
ほぼ一世代に相当する、大手企業の経営者たち三六〇〇人以上が排除された結果、これらの新しい政策を受け入れやすい若手経営者が一九五〇年代から六〇年代に台頭することになった。彼らはあらゆる方面から積極的に賢明な手法を取り入れ、経済の原動力を生み出した。

第4章

INSTITUTIONAL LEADER : 1946-1970

◉

総合的リーダーシップ

1946年（昭和21）～1970年（昭和45）

1951年、ニューヨークの街角にて。初の訪米で大衆民主主義社会に直接触れた幸之助は、翌年実質的な再建とも言えるフィリップスとの提携に踏み切る。

10 どん底からの復活

Up from Ashes

◉ 異色の労使協調

戦争は、数百万の人命と国家資産の四分の一を失うという代償を日本に強いた。破壊された建物は二二五万二〇〇〇に及ぶという試算もある。国民は方向を見失い、それまで外国との大きな戦争に負けたことのなかった国が負けることの意味を理解しようと努めた。食料が欠乏し、経験したことのない飢餓に見舞われた。二つの原子爆弾の被害はほとんど理解を超えていた。経済は混乱を極めていた。

ソニーの創業者盛田昭夫は、自伝のなかでこの時期を振り返って、こう言っている。「都電は一割くらいしか走っていなかった。運行可能なバスは六〇台しかなく、ほんの少数の自動車やトラックしか見かけなかった。ほとんどは、石油が底を突いた時に石炭や木炭を燃料にする車に改造されていた。病気が猛威を振るい、結核感染率が場所によっては二二%ほどに達した。病院は、包帯から脱脂綿、消毒薬にいたるまですべてが不足していた。デパートの棚は空っぽか、ヴァイオリンの弓とかガットの張っていないテニスラケットのような役に立たない売れ残りしか置かれてなかった」。

国全体の状態も松下電器に直接影響のある特殊な状況もきわめて過酷だった。しかも、松下の前途に横たわる危機がどれくらいの数と規模なのか、推し量ることもできなかった。会社にとっても、従業員にとっても、経営陣にとっても、そして創業者にとっても、戦後の五年は戦時中よりもなお地獄だった。

一九四五年（昭20）八月一五日、天皇がラジオ放送を通じて戦争終結を告げる時まで、天皇の声を聞いたことのある日本人はほとんどいなかった。その前年の中頃からすでに、松下幸之助は日本が敗北するかもしれないという情報をつかんでいた。にもかかわらず、彼は天皇が無条件降伏を宣言するのを聞いて驚いた。

その夜はほとんど眠れなかった。一六日、何百万もの日本人がショックで打ちひしがれている時に、幸之助は重役を集めて、国と会社がこれから直面する事態について話し合った。天皇の布告の翌日に開かれたこの会合で、彼は自分たちが今後どうすべきかについて、強い思いを抱いていると語った。そのメッセージは断固たる決意がみなぎる教訓であった。

「我々は国家再建の任務を引き受けなければならない。それは全国民にとっての至高の義務である。会社もまた、企業の使命に基づいて、工場を再建し、速やかに家庭電化製品の増産に向けて奮闘しなければならない。これは単に我々の使命ではなく、責任でもある★」

彼は立場上、強い自制心を働かせ、自分の胸中を語ることはあまりなかったので、その日彼の胸の内に去来したものが何であったのかを知るのは難しい。かつては何年にもわたる悲劇が会社の目標を考え直すきっかけを与え、自分の人生の目的を確認する作業を促した。人道主義の理想が力を持つことは、一九三〇年代にはっきりと証明された。一九四四年（昭19）、戦局が悪化へ向かうと、彼はもし日本が負けたらどうするかを考えたはずだ。自分と会社にとっての答えは、おそらく簡単に結論したことだろうが、すでに一九三二年（昭7）に宣言され、戦時中はほとんど等閑視されていた使命をわずかに変更したものにすぎなかった。一九四五年八月一五日以降の陰鬱な雰囲気のなかで、そのような理想的な言葉を口にすることは生易しいことではない。しかし、幸之助は他人を——そして自分自身を——前向きな気持ちにさせるために必要な複雑な技術を、数十年にわたって実際的な感覚として学び取ってきたのである。

その後数週間、どのような展開になったのか、詳しい記録は残っていないが、幸之助と一部の側近が、民需産業に向けての会社再建に着手するために必死で活動したことだけはわかっている。しかし、その勢いはすぐにくじかれた。九月二日、ＧＨＱから生産中止の指令が出された。軍事物資を供給していたすべての工場にも同じ命令が下った。ＧＨＱの許可なくしては、どのような操業も固く禁止された。

松下電器は、家電製品の製造許可を申し出た。返答を待つ間、経営陣は、会社の方向を民需生産に向けるべく組織転換を図った。当局からの許可は六週間も経たないうちに下りた。比較的短い期間だったが、何もかも不確定なまま戦々恐々として待たなければならなかった。

一一月三日、幸之助は前途に横たわる困難に屈せぬよう、従業員を鼓舞した。

「終戦後の資材不足は予想以上に厳しい。日本に開かれている道は、経済を回復して生産を飛躍的に増強するしかない。たとえ現在の状況では困難な仕事だとはいえ、それしか方法はないのだ。しかし、増産のための経済基盤や力を提供する我々自身の生活状況もまたきわめて厳しい。配給だけでは生きていくことはできないし、物価は上昇する一方だ。たちまち危機に直面することは目に見えている。もしこのまま進めば、日本経済は壊滅の縁にたどり着くかもしれない。だからこそ、現在の状況がいかに困難であっても、生産を再開するために今一度奮闘しなければならないのだ。諸君には歯を食いしばって、その職務に留まってほしい。諸君の勇気ある忍耐は必ずや報われると私は固く信じている。この困難に負けず、くじけないようにしようではないか。今こそ、製造業者としての我々の使命を再確認し、増産に向けて最善のことをなすべき時だ。どうか諸君の協力と真摯な努力をお願いしたい[★]」

一九四五年（昭20）一二月、GHQが労働者の組織を促す労働組合法を公布すると、松下の労働者も、歩一会に代わって、他の大手企業の従業員と同様、労働組合を結成した[*1]。当時ほとんどの労働組合は日本社会党と日本共産党の影響下にあり、反企業的な傾向を帯びていた。経営側が組合の結成式に出席しても、無視されるか、もしくはつるし上げに遭った。従業員の雰囲気を察した経営者たちは、距離を置かざるをえなかった。大手企業で唯一違った行動を取ったことで知られている社長がいたということは、戦後すぐに実践された「日本型経営」がどういうものだったか、そしてそのただ一人の社長の性格がいかに異例だったかを物語っている。

松下産業労働組合（翌年、松下電器産業労働組合に改称）が結成大会を開いたのは、一九四六年（昭21）一月末、大阪中之島の中央公会堂であった。参加した四〇〇〇人以上の従業員のなかに、幸之助の姿もあった。招かれてもいないのにやってきた彼は、他の大勢の労働者とともにメインフロアに着席した。この集会で幸之助は、ちょっと挨拶をさせてほしいと申し出た。執行部は最初断ったが、結局その申し出を受け入れた。

幸之助の大胆な行動は、下手をすると過激な反資本主義的分子を勢いづかせて、ひどい事態を招きかねなかった。しかしその日は、運、同情、ビジョンなどがあいまって功を奏した。

記録によれば、挨拶はたった三分だったという。幸之助は従業員に向かって、諸君の意向を信じていると語った。経営側と新たに結成された労働組合は調和して生きられると信ずると言った。過激な組合員たちはその祝辞を嫌ったが、その日の参加者の一人は、聴衆は歓呼でその挨拶に応じていたと語っている。当時の困難な状況にあって、それは、小さくとも重要な勝利だった。

新たに結成された労働組合の例に漏れず、松下の労働組合もまた会社に対して、その再建を複雑にするようなさまざまな要求を出した。だが、松下の労使間の闘争は、他の組合に比べれば穏やかなほうだった。大半の従業員は反会社を標榜する主張を無視した。共産党員のプロパガンダは失敗したのである。

◉ 甘く見ていた無条件降伏

一九四六年（昭21）二月になると、GHQの復興命令は途方もない規模に膨れ上がっていた。三月には、GHQが松下電器を財閥に指定するほどの規模にまで広がった。

財閥の多くは特権階級の創業家によって支配され、政府の手厚い保護を受けている巨大なコングロマリットだった。ある信頼のおける試算によると、日本における払込資本金の三分の一は、これら財閥の大手一〇社に占められていたという。GHQは、巨大財閥こそ、あの悪しき軍産複合体の核心部分だと見なしていた。大半の政策立案者は悲惨な戦争を経た日本の再建に関心を示していたが、なかには日本の産業再建を許してはならないと主張する者や、第一次大戦後のドイツに要求したような賠償を求める者もあった。この時期発布された命令は、財閥への攻撃を含め

＊4－1
マイケル・ヨシノ（吉野洋太郎）は次のように語っている。「激しいインフレに直面して、職を続けることにも最低限の生活水準を維持することにも絶望した大多数の労働者にとって、組織的な組合運動だけが唯一の解決策であるように思えた」。その結果、「一九四七年には、賃金・給与所得者のほぼ半数に相当する四〇〇万人以上の労働者が組合を結成した」。

て、本質的に懲罰を求めるものであったように思われる。

いったん財閥リストに入ってしまうと、松下電器が莫大な戦時中の負債から救われる道は閉ざされた。会社はさまざまな規制を受け、そのために意思決定は遅れ、経営の自主性は著しく制限された。一九四六年(昭21)の半ば、労働組合の要求やそれまでの政府の規制などは突然、取るに足らない問題となったのである。

幸之助は、自分の会社が財閥リストに入れられたことに唖然とした。彼の会社は歴史も浅く、創業者指導型の会社だった。一方、巨大財閥が支配するコングロマリットは歴史が古く、日本政府との間により緊密な関係が築かれていた。

一九四六年(昭21)三月に発布された制限会社の指定を解除してもらうために松下は奮闘を続けたが、六月にはさらなる規制が課せられることになった。松下家は財閥家族の指定を受けたのである。その結果、個人資産のすべてが凍結された。生活費は平均的な公務員の給与水準並みにまで引き下げられた。どんなに少額の小切手を切るにもGHQの許可が必要だった。

七月に入っても災難は続き、松下電器の八つの工場が賠償工場として差し押さえられた。資産は一夜にして消えたが、負債は会社の帳簿に残った。八月、会社は特別経理会社に指定され、財務上のさまざまな規制を受けることになったために、再建はなおも困難を極めた。怒りは募るばかりで、幸之助には会社再建のために必要な行動を起こすことさえできなかった。

一一月には最大の災難が襲ってきた。戦争犯罪者を公職から追放するという措置の一環として、常務以上の重役全員が会社の職務を追われた。もちろんそのなかには幸之助自身も含まれていた。みずから創設し、二九年にわたって経営してきた会社から追い出されたのである。

幸之助は、この一連の決定は異様なほど不公平であり、あまりにも理不尽だと人に語ったが、それを覆す力は彼にはなかった。時には取り乱して、この事態の展開そのものがまったく信じられないとさえ語った。その一一月、状況があまりに絶望的に見えたため、最も近しい二人の助言者が、他に職を求めて会社を去った。[*2] この忘れられない年の最後を締めくくったのは、一二月に一七の支社が分離され、独立した会社にさせられたことだった。

◉　組合員の請願行動

ＧＨＱへ抗議するために、幸之助は大阪と東京を五〇回以上も往復した。松下電器の他の二人の重役、高橋荒太郎とカール・スクリーバにいたっては、東京へ一〇〇回以上も出張している。すべては松下の財閥指定が不当だと抗議するためだった。彼らは、この会社はまだ歴史の浅い家

＊4－2
井植歳男と亀山武雄である。両者とも松下幸之助と縁戚関係にある。井植は義弟、亀山は甥(長姉イワの息子)でむめのの妹（よしの）と結婚していた。井植は当時取締役で、会社のナンバー2だった。亀山は一九四二年（昭17）に取締役に昇進していた。

電製品のメーカーで、とても良い評判を取っているということを力説し、あくまでも自分たちは軍部によって戦争に巻き込まれただけだと主張した。そして、どうか自分たちに会社と国家の再建に参加させてほしいと懇願した。

幸之助にとって、こうした状況のすべてが屈辱であり、驚きであり、腹立たしいものであった。彼はよほど腹に据えかねたらしく、のちにこの事件について次のように語っている。

「会社の再建事業に集中するどころか、わが社がどういう会社であるかを説明するための資料を準備するのに時間を費やさねばなりませんでした。当時作成した報告書や資料――しかもすべて英文に翻訳しなければなりませんでした――は、五〇〇〇ページという膨大な量に達しました」

一九四六年（昭21）から四七年にかけての陰鬱な冬、各方面から支援の手が差し伸べられた。松下電器の労働組合は、創業者が公職追放になったと聞くと、組合員とその家族から一万五〇〇〇名以上の署名を集めて、幸之助を社長の座に留めておいてほしいとGHQに対して請願行動を起こした（岡本康雄によれば、組合員の九三％が署名したという）。当時、商工大臣は毎日のように、企業のトップをその職務から「外して」ほしいという嘆願をいくつもの団体から受け取っていた。星島二郎《にろう》大臣は、松下労組からの嘆願書を受け取った時、驚きのあまり大笑いしたと伝えられている。さらに松下電器の労働組合は、マッカーサー元帥本人に何とか連絡を取ろうとさえした。販売代理店もまた署名を集めて、幸之助の職務復帰を請願した。代理店と労働組合の行動は、決定的な影響力を及ぼしたわけではないだろうが、ＧＨＱと日本政府の担当者は、彼らの請願があまりに異例だったので、注目したことだけは確かだろう。

最初の具体的な変化の兆しは一九四七年（昭22）一月に現れた。会社が正式に「A項」指定から「B項」へと変わり、重役が職務に残ることが許されるかどうかの調査を受けることになったのである。調査は三月と四月に実施された。実情を調査した結果、調査当局は松下電器の指定は不当なものであるという見解で合意をみた。五月、幸之助と重役は会社の職務を続けられることになった。不運続きの歳月の後のこの五月の宣言は天の恵みとなった。

しかし、なおも会社の活動を妨げる忌まわしい制限は、同年後半から翌年にかけて続いた。一九四八年（昭23）二月、松下電器は過度経済力集中排除法の適用を受けたのだ。一二カ月後にこれが解除されるまで、松下は破綻の瀬戸際に立たされ続けた（高橋荒太郎によれば、会社が六つに分割される恐れがあったという）。

経営権を取り戻すための闘いは、足かけ四年にも及んだ。一九五〇年（昭25）にさまざまな制限から解放されるまでは、幸之助も会社も自由に事業を運営することはできなかった。それは、ほぼ太平洋戦争の期間に匹敵するほどの長期闘争だった。しかし、今回は、勝利を収めた。

◉ 初めての大量解雇

経営権を取り戻すために奮闘しているうちに、次から次へと財政危機が襲ってきた。

インフレーションは留まるところを知らなかった。一九四六年（昭21）半ばから四八年半ばにかけて、松下電器の給与は七・五％上昇した。インフレーションを阻止する目的で一九四六年三月に導入された物価統制令によって闇市が生まれ、法を犯さないかぎり、金を工面するのは現実的に不可能になった。物価統制の下で、松下電器の電球の正価は四円二〇銭であったが、闇市では同じ商品が一〇〇円で売れた。財政が困難な時期ゆえ良い機会ではないかと考えた松下労組は、給与の一部を電球で受け取りたいと要求を出して、一度だけ現物支給を受けた。

しかし、幸之助はこの策をやめさせた。金銭でなく製品で給与を支給すれば、会社の資金繰りも楽にはなるが、こういう慣行は労働者に対して、闇市での取引を暗に奨励しているも同然であり、それは幸之助にとって「堕落」につながることを意味した。また、GHQからも、好ましくない行為と目をつけられかねなかった。

一九四八年（昭23）の中頃、資金が底を突いた松下電器は、住友銀行に二億円の融資を請わざるをえない状況に陥った。しかし、〝カンフル剤〟を打ってもなお、一〇月には会社創立以来初めて、給与支払いが困難になった。

一九四九年（昭24）に入り、政府が歳出を極端に削減することで国家収支の均衡を取ろうとするドッジ・ラインを発表すると、日本経済はなおも悪化の一途をたどった。経済は悪性のデフレに落ち込み、とりわけラジオ製造の分野における松下電器の競合会社は次々と倒産していった。

この財政難を乗り切るために、幸之助は債務をゆっくりと返済していった。とりわけ政府に対する負債はできるだけ遅らせた。一九四九年四月、松下電器が総額一〇億円を超す法人税の未払いを抱えていると新聞で報じられた。六月、会社は半日操業に生産を縮小した。そしてついに、一九五〇年（昭25）三月、創業三二年にして初めて、一部の労働者——全従業員四四三八人の約一三％に相当する五六七人——を解雇した。

財政上の措置としては、幸之助は従業員数の削減をあくまでも最後の手段と考えていた。「松下電器創業以来これまで、経費削減のために一人たりとも従業員を解雇したことはありませんでした。昭和五年（一九三〇）の……あの不況の時でさえ、一人として解雇していません。しかし戦後の状況に対しては無力でした……」★。

幸之助個人の財務状況も混乱を極めていた。戦争末期に軍に必要な施設を建設するため個人的に巨額の融資を受けたせいで、負債総額は七〇〇万円に達していた。この借金を返済するために資産を売ることもできず、また彼の個人資産もすべて会社と結びつけられていたので、帳尻を合わせるために莫大な金を借りなければならなかったのである。

財政難は一九五〇年（昭25）になるまで去らなかった。会社はその年からようやく事業が軌道に乗り経営収支を改善し、一九五一年になると雇用も伸び始めた。幸之助の個人資産の詳細は今まで明らかにされたことがない。政府が彼の資産凍結を解除した一九五〇年七月に、ようやく債務を返済できるようになったのかもしれない。あるいは、すべての負債を清算するにはさらに時間がかかったであろう。

規制と財務問題が困難を極めていただけに、個人的な危機はなおいっそう大きく立ちはだかっていた。

◉ 成功よりも苦難が人間を強くする

頭を悩ますさまざまな疑念があった。四〇年にわたる苦難の歳月の後に、またもやこれほど苦しまなければならないのはどうしてなのか。軍部への協力をどうにかして避けることはできなかったのか。必死になって会社を守ろうとしたことが、軍需物資の生産に拍車をかけてしまったのか。自分が判断を誤ったために会社を崩壊寸前にまで追い込んだのか。

外部からの重圧も内部の重圧も計り知れず、幼い頃に経験したような恐怖のどん底に突き落とされるのではないかという不安を煽った。戦後の数年間、幸之助は不眠症から来る種々の問題に悩まされた。以前より酒を多量に飲むようになった。酒と睡眠薬を飲んでからでないとほとんど眠れなかった。一九三〇年代の初めに兆した考えに取りつかれるようになった。

「私は人間の本性と、日本がどうしてこんな状況に陥ってしまったのかについて自問しました。どうして人類はこんな情けない状況になっているのか。繁栄と平和を求めておきながら、みずからその繁栄を破壊し、平和を台無しにしてしまう。それが人間の本性なのか。どうして人はこんな戦争を引き起こし、自分自身に悲劇をもたらし、文字通り不幸を招いてしまうのか。あの無邪気に飛び回る雀でさえ、餌を十分食べた後には楽しむ術を知っているではないか。ところが人間は戦争に巻き込まれ、みずから飢餓を招いている。人間は本当に意図してそうしているのか。もっとましな生き方はできないのか」

この重要な問題の核心をつかもうとする彼の奮闘は、おのずと日々の相互関係のなかにも表れた。戦後、神戸大学で経営学を学んで卒業したばかりの青年が幸之助に面会した時、最初に幸之助の口をついて出た質問は「君は『経営』というものをどう考えているか、教えてくれないか」というものだった。青年はしばらくの間とりとめもなく語ったが、質問に対する答えにはなっていなかった。のちにその青年、錦茂男はこう語っている。「その時初めて、自分は大学で経営学を修めたが、一番大切なことは何もわかっていないことに気づきました。とにかく私は的外れな答えしかできなかったのです」。

自問自答と他人への問いかけを続けながら、幸之助はますます核心を突くようになっていった。戦前、すでに彼は例を見ないほど優れた実業家に育っていた。このごく平均的な会社の社長は有能な経営者だった。幸之助はリーダーとなるべく成長してきた。その好奇心、現状を打破しようとする強い意志、その先見の明、そして従業員を鼓舞する能力、どれをとっても一九三〇年代から四〇年代の企業経営者の水準を抜きん出ていた。その能力が第二次大戦後の悲劇を潜り抜けることでいっそう伸びたのである。

一九五〇年(昭25)、松下電器が灰燼のなかから立ち直った時、多くの点で一九四〇年(昭

15）当時の同社よりも弱くなっていた。以前より小規模で、しかも資産に比べて負債を多く抱えていた。しかし、その時点でよみがえったリーダーははるかに強くなっていた。再び悲劇の試練を受け、徹底的に考え直すことを強いられた結果、ある種の勇気と大胆さのようなものを身につけていたのだった。

日本の一市民として戦争に参加した男は、国際的な視点を備えた。自分の会社を成長させることで社会に貢献したいと願った男は、人間のありようを本質的な目的として案じるようになった。会社中心のビジョンは、より広範な社会的目標に道を譲った。苦い反省を通じて自己認識が深まった。傲慢と自己中心的な自尊心は叩きのめされた。この過程で、幸之助は単に成功を収めただけのビジネス・リーダーを凌駕したのだ。

一九五〇年代に入ると、彼の焦点は、正しい価値観を備えた組織の建設、すなわち急速に変化する世界経済のなかで繁栄しうるような会社、日本と会社をもろとも破滅に導いた自己破壊的な種子を持たない組織を作り上げることへと向けられることになった。

課題は山積していた――だがそれは、まさに彼の望むところだっただろう。

11 世界を覆う松下ブランド

The Globalization of an Enterprise

◉ 戦後のインフラ整備

それは一九五〇年（昭25）六月二五日のことだった。朝鮮民主主義人民共和国軍が大韓民国に侵攻し、ここに核時代になって初の全面戦争が勃発した。

アメリカではハリー・S・トルーマン大統領の暗殺未遂事件やボストンの大手警備輸送会社の三〇〇万ドル強奪事件が発生し、社会情勢は不安定だった。一方で、マーシャル・プランをはじめとする大小さまざまな救済計画の支援を受けた西欧諸国の第二次大戦からの復興はなおも途上にあった。日本では、朝鮮戦争での特需を受けて、経済が急速に回復し始め、実質GNPの成長率は一二％を超えた。それでも、物価変動の影響を加味しなければ、一九三九年（昭14）の四分の三の水準にすぎなかった。

アメリカの対日占領政策の転換により戦後統制のくびきから解放された幸之助たちは、松下電器の再建に乗り出した。創業間もない会社でうまく機能していたのに、戦争に突入して以来放棄してしまった数多くの施策や理想が復活した。さらに、進歩した技術の模索も始められた。この大きな動きのなかで、松下電器は日本のみならず、世界に積極的に進出していこうとしていた。

一九三三年（昭8）に導入された事業部制は、個々の製品市場に敏感に反応する生産ラインを確保することで成長を遂げようとするものだった。しかし、これらの市場が戦時中に次第に機能しなくなると、この事業部制は、工場中心の、規模の経済を重視する中央集権的なものに変わっていった。一九五〇年（昭25）、幸之助が会社の経営に復帰すると、事業部制が再び導入された。

三つの事業部が創設され、一つは幸之助自身が担当し、もう一つは娘婿の正治が、残る一つは高橋荒太郎が担当した。第一事業部はラジオ、通信機器、電球、真空管を製造した。第二事業部は乾電池と電熱器に関連した製品、第三事業部は蓄電池と変圧器の製造販売を担った。

同年七月一七日、新たな組織運営を助け、経営幹部の士気《モラール》を高めるために、幸之助は彼らを一堂に集めて、楽観的な激励の挨拶をした。「終戦からこの五年、松下電器は次から次へと問題に直面してきました。しかし、逆境に遭遇した時でも、我々はなすべき仕事をし、必死で働いてきました。……そしてついに長いトンネルの果てに光が見えるところまで到達したのです。……今や……我々は一つの会社として果たすべきまったく新しい使命を持っており、日本の復興を思う時、私は自分の仕事を鼓舞してくれる大きな希望を感ぜずにはいられません★」。

新たな事業部のうち二つは採算が取れていたが、高橋が経営する事業部だけはそうではなかった。生産性、品質、技術、労働者の熟練度を調べると、全面的な改善が必要であることが判明した。しかし、幸之助とともに何十年も仕事をしてきた彼には、それらのどこにも重要な問題があるとは思えなかった。この事業部の成績が悪いのは、戦前に松下電器を成功へ導いた、要《かなめ》となる政策と戦略を放棄したからだ。それが、高橋の出した結論だった。

あの七つの綱領は、もう朝の集会で大声で読み上げられなくなっていた。高橋が部下に理由を尋ねると、組合が反対したからだという。しかし、労働組合の代表と直接話してみると、事情は違っていた。組合幹部によれば、自分たちは七つの綱領についても、それを毎朝朗唱することについても、基本的に問題はないと考えている。この儀式が行われなくなったのは、前任の経営陣がやめさせたからだと言う。

高橋は労働者を招集すると、自分は生産性の上がらない理由をさまざまな角度から考えてみたと語り、幸之助ばりの演説をぶった。「我々が抱えている問題の根幹は、松下の基本方針に沿って仕事をしなくなってしまったからである。綱領に従い、綱領に照らして自分たちの行動を謙虚に反省してみれば、我々は必ず成功する。もし品質が悪くて製品が売れないのであれば、操業を停止して、製品の改良を図らなければならない。品質の悪い製品を作っているのであれば、社会に貢献していることにはならないし、綱領にも反することになる」。

高橋は、松下電器の綱領を毎朝朗唱する習慣を復活させ、その理想に照らして自分の経営を再点検してみた。その結果、今までやっていたことをいくつも変更することになった。戦時中に捨てられていた屑鉄は、保存して売ることにした。毎朝工場を点検して、清掃と整頓を終えてから仕事に取りかかることにした。製品の品質は客の視点から洗い直され、改良を加えられた。

他の二つの事業部でどのようなことがなされたのかは詳《つまび》らかではないが、ほぼ同じような展開となったようである。経営陣は一九二〇年代から三〇年代にかけて導入された使命、組織制度、そして企業文化を再び取り入れ、それらをまた生かそうと努めた。組織が変化する速度やそれに伴う問題は、工場あるいは事業所によって異なる。しかし、全体としては、一九四〇年代の不幸な災難はかつての会社の核心部分までをも破壊してはいなかった。

その証拠に、松下電器は比較的短期間で再び軌道に乗り始めた。品質と生産性は三事業部すべてにおいて改善された。顧客志向の企業姿勢が復活し、士気は高まった。

そして、一九五一年（昭26）初頭、松下電器は再び拡大の緒についたのである。

◉ 坊主刈りをやめた理由

第二次大戦の結果、日本のビジネスマンは、自国の国境を越えた世界を以前よりはるかに認識するようになった。松下電器は軍の後押しを受けてアジアに多数の施設を建設したが、一九四五年（昭20）にそのすべてを失った。保守的な経営者なら、日本の国境外へ進出することの有利さよりもリスクのほうが大きいと判断したかもしれない。幸之助をはじめとする先見の明のあるリーダーたちは、それとは異なる教訓を学んでいた。戦争によって、先駆的なリーダーは、アメリカやヨーロッパは依然として技術的に進んでいることを悟ったのである。

日本の企業がもっと成長するためには、先進諸国から多くを学ばなくてはならない。それには、自身で先進諸国を訪れ、視察したうえで海外進出の有無を判断することになるが、いずれにしてもリスクを伴う。しかし、その逆――つまり外国嫌いの内向的態度――は、長期的な展望に立てば、企業経営にとってもっと危険なものであろう。

幸之助は一九五一年（昭26）にはすでに五六歳になっていた。人は歳を重ねると新たな冒険に対して消極的になるものだが、この時彼は初めて海外に出て、それまで経験したことのない長旅をする決断をした。「我々は国際的なビジネスの世界に飛び込んでいく必要がありました。自分たちの企業を世界に向けて拡大することで日本人の最良の特質を引き出すべきだと考えました。謙虚もまた勇気の大切な部分であるから、私がまずなすべきことは外国に出て、……世界で最も進んだ経営哲学と手法がどんなものか、身をもって知ることだと考えたのでした★」。

一九五一年（昭26）一月一八日、彼はアメリカに向けて旅立った。一カ月にわたって、ニューヨークを中心に滞在する予定だった。だが、たった一週間で幸之助は予定を変え、旅程を延ばした。一カ月が二カ月となり、最終的には約三カ月滞在して帰国した。

当時、ニューヨークと大阪の違いは相当なもので、その経済的ギャップは文化的な相違と同じくらい、いやそれ以上に大きかった。帰国すると、日本は慢性的な電力不足で悩まされており、東京では毎日午後七時から午後八時まで電気が消えた。ニューヨークのタイムズ・スクウェアでは照明が二四時間煌々《こうこう》と灯されていた。ラジオ一台の値段は、日本の工場労働者の一月半の賃金に相当していたが、アメリカではたった二日分の稼ぎでラジオが買えた。

幸之助は自分の工場のための設備を購入した。少なくとも五、六社の経営者と話をした。何よりも毎日、ニューヨークを歩き回った。街は魅力的だった。それが滞在予定を延ばした理由だった。英語が話せないのに、よく映画館に行った。映画はアメリカの北も南も、西も東も見せてくれるからだ。自分の髪型が時代遅れだと気づくと、生まれて初めて坊主刈りをやめた。

その後の出来事は、こうした三カ月の経験が幸之助にどれだけ強い影響を与えたかを示している。ニューヨークは、彼の想像力をかき立て、わくわくするような可能性を与えてくれたのだ。当時アメリカを訪れた日本人は、アメリカと日本の生活条件のあまりの格差に落胆して帰ってくることがほとんどだった。だが、またもや幸之助は旺盛な挑戦意欲を奮い起こしたのだった。

一九五一年（昭26）四月七日、彼は豊かで民主的な社会の展望を携えて帰国した。

◉ 社運を賭けたフィリップスとの業務提携

ソニーとは違って、松下電器はけっして際立った技術革新型企業ではなかった。その成り立ちと企業文化からして、大阪を本拠とするこの会社が戦後に置かれた立場は、基礎的な研究施設を設置し、欧米企業と競争するにはあまりに弱かった。しかし、ニューヨークに旅したことで、自分の会社の技術的能力を速やかにレベルアップしなければならないという幸之助の信念はますます強くなった。

一九五一年（昭26）一〇月、彼は再び日本を離れ、ニューヨークに向かった。この二度目の海外旅行では、ヨーロッパにも足を伸ばした。その主要な目的は、先進技術を提供してくれる可能性のある企業を探すことだった。*3

松下電器の経営陣は、多数の合弁相手を検討した結果、オランダの電気・電子機器メーカーのフィリップスに目をつけた。フィリップスは、この分野で世界第五位につける企業だった（表5参照）。松下電器は戦前にもこの会社と提携したことがあったが、一九四八年（昭23）にフィリップス側から再び交渉が申し入れられていたのである。幸之助は、両社はどちらも国土が狭く資源の乏しい国に生まれた企業だという点で、共通する企業文化を持っていると信じていた。

一九五二年（昭27）七月一三日、フィリップスとの契約交渉をするため、高橋荒太郎がオランダに派遣された。準備はすでに終えていたので、幸之助は速やかに契約が成立するだろうと予測

＊4－3
この時点から一五年間に、数百社が同種の試みをしている。一九五〇年（昭25）から一九六六年（昭41）にかけて、日本企業と外国企業の間では八五六一件の技術提携の契約が交わされている。

表5◉大手電気製品企業の売上高（1951年〔昭26〕頃）

（単位：百万ドル）

企業名	売上高
ゼネラル・エレクトリック	2,319
ウェスチングハウス	1,241
ウェスタン・エレクトリック	805
RCA	376
フィリップス	326
シーメンス	235
モトローラ	135
ハネウェル	135
ゼニス	110

していた。しかし、そう簡単にはいかなかった。

この契約の大枠は、日本で合弁企業を設立し、フィリップスが技術を提供して三〇％の資本金を出資する代わりに、松下電器はその会社を経営し、残り七〇％を出資するというものだった。高橋との交渉で、フィリップスは五五万ドルの先払いと年間技術指導料として売上高の七％を要求した。高橋は、いくつかの点を修正し、フィリップスが松下電器に年間経営指導料を支払うのであれば、契約に応じると答えた。オランダ側はこれに難色を示し、話し合いは長引いた。

問題の一部は、会社の経営哲学と文化の違いという、微妙かつ重要な点にあったようだ。フィリップスはエンジニアが主導権を握る会社だった。松下電器の経営はこれより折衷的で、技術そのものとはおよそ関係のない使命によって牽引されている会社だった。しかし、幸之助はその背景ではダビデとゴリアテ（旧約聖書に登場する巨人戦士。ダビデがこれに挑んで倒した）のドラマが演じられていると見ていた。

彼はのちにこう述懐している。「五〇年代の初めの頃、日本はまだ貧しく弱い国だったし、ヨーロッパ人は自分たちならどこでも無理を通せると思いがちでした。話し合いは難航し、フィリップス側から、何の進展も見られないので交渉を打ち切ろうという提案が出されました。しかし、高橋はしつこく粘り、自分たちの主張の正当性を説得し続けたのです★」。

おそらくアメリカ人なら怒鳴り声をあげて席を立ってしまうだろうが、松下電器のこの重役は自分の怒りを抑え、あくまでもオランダに留まって自分の主張を相手に伝えようとした。孤立無援の状態でも彼は粘り続け、この合弁事業で松下が発揮できる能力を繰り返し説明した。フィリップスほどの大企業が、優れた経営能力を持つ日本一の電気製品メーカーがわずかな経営指導料を要求するからといって契約に応じないのか。フィリップスには日本という大市場に参入するための他の手段があるのか。フィリップスは、オランダと同じように国土が狭く資源の乏しい国を援助しようという道義的義務を感じないのか。

ついには、高橋がどうにか勝ちを収めた。幸之助は自伝で次のように語っている。「彼らはこれほどしぶとい相手に出会ったことはなかったのでしょうが、この不屈の姿に感じるところがあったようです。たぶん、これなら信頼できると思ったのでしょう★」。

このオランダ企業がどうして最後に譲ったのか、はっきりしたことは記録に残っていない。きわめて保守的で、容易には参入できない日本市場に進出する代替案が見つからなかったのかもしれない。あるいは松下電器が他社とは違う特別な企業だとわかったからかもしれない。いずれにせよフィリップスは、当初要求した七％の年間技術指導料を四・五％と認め、松下電器に払う経営指導料が三％で差し引き一・五％を手にするという条件を受け入れたのである。

新会社、松下電子工業は一九五二年（昭27）一二月に発足した。フィリップスのような大企業になれば、合弁事業はそれほどの負担ではないが、松下電器にとっては大きな責任を伴うものであった。当時、松下電器の資本金は五億円、新たな合弁会社の資本金は六億六〇〇〇万円だった。

松下電子工業の工場は大阪に建設され、ブラウン管、真空管、蛍光灯などの電気製品と構成部品を製造することになった。工場は一九五四年（昭29）に操業を開始し、製品のほとんどを松下電器の他の部門が買い取って、日本市場向けの最終製品に組み立てた。顧客志向で生産性が高く、統率のとれた組織が今や世界レベルのテクノロジーと融合したのである。この組み合わせは強力で、製品の売れ行きはきわめて好調だった。

振り返ってみれば、フィリップスとの合弁は松下電器に途方もない成功をもたらした。この日本企業に世界の先端技術に通じる道を開いたのである。この合弁によって松下の経営陣と技術スタッフは定期的にオランダに出向くことになり、より世界的な視野が開けた。

一九六七年（昭42）、フィリップスとの契約期限切れに際して、契約はさらに一〇年間延長された。契約更改にあたって、それぞれのロイヤルティは、技術指導料が二・五％、経営指導料は二・五％に設定された。

◉ 世界に広がる風変わりな販売網

一九五一年（昭26）初頭に初めてアメリカを訪れた時、幸之助は当時最先端の乾電池製造機を購入した。翌秋、自社の乾電池工場を視察した際、彼は前年購入した機械が施設のなかで最も旧式のものであることを知った。そこで得た教訓は明白だった。

「市場で手に入る機械は概してたいしたものではないということに私は気づきました。先端を行く製造業者が使う機械はすべて自社で開発されたものであり、機械そのものも、それに使われた技術もめったなことでは外に出さないのだ、と。……この発見によって、自前で開発する能力なしに他人に教えを請うてばかりいるところには本物の強さはないということが身にしみてわかりました★」

外国の技術を利用することは、会社が世界標準に追いつくために欠かせないことである。しかし、長期間他者に依存していると、特に国際的な競争においてはさまざまな面で障害が出てくる。

一九五三年（昭28）、松下電器は大阪の郊外に中央研究所を建設した。この施設と、その後四〇年間に建てられた他の施設とで研究作業が行われ、テレビやミキサー、電子レンジ、録音・録画ヘッド、冷蔵庫、炊飯器、洗濯機などに応用される技術を開発することで、各事業部を支援した。この会社のこれまでの事業の成功がそうであったように、新製品を開発するのではなく、すでに市場に出回っている製品を改良したり、オートメーションに必要な装置を開発することに重点が置かれた。

松下電器の技術が洗練されてくるにつれて、日本国内で会社が成長するだけでなく、海外での製品の評価も高くなっていった。その結果、一九五四年（昭29）にわずか五億円だった輸出額が一九五八年（昭33）には三二億円になり、たった四年間に六倍以上の伸び率を示した。一九五九年（昭34）には、アメリカに販売会社が設立され、製品は「パナソニック」のブランド名で売られた。一九六一年（昭36）になると、輸出総額は一三〇億円にまで跳ね上がった。

海外に進出するためには、現地に販売会社を設立する必要があった。国際的な需要が高まると、結果として国外生産の道が開かれた。松下電器は海外に進出したことで、自社の企業哲学の大半が、困難を伴うにせよ諸外国でも通用することがわかった。しかし、人間の本質はどの国でも同じであるとはいえ、とりわけ西欧の一部の国では、松下電器の使命や綱領が最初のうちは現地の経営者にとって「異質なもの」と受け止められた。試行錯誤の結果、この企業文化を輸出するには、本国の従業員を現地に派遣する必要があると認識するようになった。

一九六〇年代から七〇年代にかけて、松下の製品は世界中の町に次から次へと販路を開いていった。何百万台ものビデオ・レコーダー、ラジオ、電気かみそり、テレビなどが、「ナショナル」「パナソニック」のブランド名で多くの国の消費者に買われていった——しかし、数億にのぼるそれらの人々は、今でも幸之助の名前を知りはしないだろう。

◉国際競争に負けぬ松下式経営哲学

一九五〇年代の松下電器の成長は、世界経済の拡大、朝鮮戦争、多数の新製品の登場などに後押しされたものだった。一九四九年（昭24）、この会社は有線放送の装置や自動車部品の製造に着手し、一九五〇年（昭25）には直管蛍光灯とFM無線装置、一九五一年（昭26）には電気洗濯機とインターホンを生産し始める。そして、その使命や企業文化を含めて、海外からの技術、国内の広範な小売流通システムなど、さまざまな強みを発揮して、それらの販売に成功した。

再び会社が急速に成長していくと、松下電器の経営陣は自社の成功にますます自信を強めていった。自信に傲慢の兆しが見えてくると、幸之助はただちに部下に注意を与えた。彼はある会合で経営陣に向かって「諸君のなかには、わが社がこれまでたいした問題もなく、成長してきたと考えている者もいるだろう」と言った。「だが、我々はそういう考えを持つことを戒めなければならない。アメリカやオランダの経営方法を吟味し、ドイツの復興から学ぶ時、我々の着想や思考が完璧にはほど遠いのは明らかだ。このままでは日本の再建にも、松下の発展にも、わが社の労働者の福祉にも成功しないだろう」。世界的視野に立って競争していくためには、さらに多くのことが必要だった。

第二次大戦が幸之助に与えた教訓の一つは、傲慢が災いをもたらすということだった。

一九四〇年代の惨憺たる時期[*4]を経た幸之助は、近視眼的なものの見方や狭量な精神こそが危機を招くという信念をますます強くしていた。今世紀初頭に彼が知り合った優れた商人は、新しい考えに寛容であり、客に対してはいつも謙虚な人ばかりだった。今世紀の半ばに彼が目にした軍部や政府の指導者たちの多くは、かたくなで独断的だった。

企業の将来に影を落とす最大の要因は、市場ではないと彼は語っている。世界中の潜在的可能性は膨大である。技術もまた主要な問題にはならない。自分たちはフィリップスから最良のものを学んだし、それをさらに改良することも可能だろう。世界には数十億の人口があるのだから、労働力不足を心配することもない。金の問題はあるだろう。しかしそれは利益に関する自分の政策が継承されなくなった時にだけ生じる問題だ。[*5] 最大の問題は会社経営であり、とりわけ経営陣の態度にある。彼が見るところ、挑戦することは、企業の核心をなす理念を強く信じている幹部をますます増やしていくだろうが、一方には受け身で人の言いなりになる人もいる。

「最も重要なことは」と彼はあるインタビューで語っている。「素直な心を持つことです。人は自分の知識だけで行動してはならない。『いつも目を開けている人は道に迷うことはないし、いつも他人の言うことに耳を傾けている人も迷わない』と言うではないですか。相手がだれであれ、いつも謙虚に何かを学べるのではないかと期待して人の話を聞いていれば、予想外の知識を得られるものです」。

一九五〇年代初頭に松下電器が国際化の道を歩み始めた時、競争はより拡大され、より多くの資金が投入され、ますます技術が洗練されていく時代に突入していた。会社がこの障害を乗り越える要因は多くあった。外国企業と外国製品に対して規制がかけられていたために、松下電器は国内市場ではそれほど厳しい競争にさらされずにすんだ。顧客志向と低価格の追求、忠実で勤勉な労働者、画期的な販売戦略、強力な販売力、積極的な製品改良、新製品開発のプロセス、市場に迅速に対応できる能力、明確な使命、権限や経理責任を末端まで行き渡らせる事業単位の組織構造、そしてトップの優れたリーダーシップ、これらすべてがあいまって国の内外で競争に打ち勝つ武器となったのだった。

しかし、松下の成功にとって重要なのは、素直な心と謙虚な態度以外の何物でもないということを、その後の事例は示唆している。一九五〇年代初頭、幸之助をはじめとする経営陣はこれらの美徳のおかげで、新たな技術を吸収した。のちには、やはりこうした態度によって、従業員は世界中から有益なアイデアや実践例を無数に自分の会社に取り入れていくのである。

松下電器は、絶え間ない刷新を続けながらさらに強くなり、競合他社を引き離していった。こ

＊4－4
この時代の軍人だけでなく、一八九九年（明32）の悲劇から自分の父親とも結びつけて、傲慢と災いの因果を考えたかもしれない。
＊4－5
大半の日本企業とはちがい、松下電器は利益が大きいので企業拡大の資金をより多く確保でき、銀行への依存度は低くてすむ。

うして松下電器は、ますます国際化していく市場でみずからを重要な企業と位置づけ始めたのである。

◉ ソニーと松下の違い

日本の内外を問わず、他のほとんどの企業と比較して、一九五〇年代に始まった松下電器の成長は爆発的な勢いを見せた。ほかにこのような成功を示した例は、ソニーと本田技研工業の二社しかない。

ソニーとの比較は、製品種目が重なっているので、とりわけ興味深い。両社には多くの点で、その驚異的な発展ぶりと関連づけられそうな共通項がある。家電産業が景気づいた時に、一般消費者向け電気製品に焦点を絞ったこと、創業期には傑出した二人組――松下電器は幸之助と井植歳男、ソニーは井深大《まさる》と盛田昭夫――によって経営がスタートしたことだ。両社は、日本の他の企業にはない進取の気象にあふれており、リスクに挑戦する意志を持ち、大胆で、因習にとらわれず、迅速に行動した。強力なブランド――パナソニックとナショナル、ソニー――を構築するために斬新な広告宣伝戦略を展開した。そして、従来の販売システムに煩わされることのない独自のスタイルを確立し、日本企業としていち早く海外に進出した。このように松下とソニーの経営手法は、日本はもちろん世界の基準とは異なるものであるが、両社には多くの共通点が見て取れる。

ソニーも松下電器も、先見の明があるリーダーによって導かれている。しかし、その先見性は重要なところで異なる。東京を本拠地とするソニーは設立当初から都会的でインテリっぽく洗練された会社だった。一方、大阪を本拠地とする松下電器はどこかやぼったい。ソニーは、まったく新しいコンセプトの機器や新たな製品分野を開拓してきたハイテク企業である。松下は既存の製品を改良して、大衆消費できるような低価格で売り出してきた。松下に批判的なあるアメリカ人は、ソニーを「最先端」と呼び、松下電器を「猿まね《コピー・キャット》」と呼んだ。

会社の成り立ちと中心人物の違いが、企業のビジョンと文化の違いとなって表れる。幸之助は高等教育など受けることのできない貧困のなかで育ち、火鉢店の丁稚として仕事を始めた。一方、盛田と井深は裕福な環境で育ち、大学で科学の教育を受け、第二次大戦中は技術開発に没頭した。井深は保守的な紳士で、優れた科学者であり、強い道徳心の持ち主だった。対照的に盛田は策士であり、セールスマン、広報マンだが国際感覚に優れていた。幸之助とは違って、彼は英語を流暢に話し、世界の富豪や有名人とも交流があった。

この四人は、ある点では似た者同士だった。みな立ち止まることを知らない野心家であり、従来の慣習に挑戦する意志を人並み以上に備えていた。戦争を経験し、先見の明があり、大きな目標を抱いて多くの知識や技能を身につけた。そのなかでも、幸之助は際立っている。三人とも苦労はしているが、幸之助ほどではない。だれもが壮大な抱負を口にしているが、幸之助ほどのスケールで語った者はいない。三人とも成熟してからなお大きく成長したが、六〇代、七〇代、八〇代になっても、まったく新しい仕事に手を出したのは幸之助だけである。

最も小柄なのは幸之助だった。彼は和佐村出身の病弱で神経質な男だった。それなのに、驚異的な四人のなかでも、彼は結果として群を抜いた業績を残すことになる。井深も盛田も井植も、正真正銘の傑出したリーダーだったが、幸之助はそれ以上に成長するのである。

◉ 微笑み始めた幸之助

一九五〇年代初頭以前に撮られた写真で、幸之助が微笑んでいる写真はほとんどない。ところが、初めてニューヨークに旅した時から変化が表れる。写真撮影の手法が変わったということもあるだろうが、彼の内なる変化がそこに反映しているとも考えられる。

会社が生き残り、再び成長できることが明らかになった時点で、幸之助は、あたかも自分の寿命が延びたかのように行動し始めた。成功しても生き残った者としての罪悪感から病気になってしまうことがまったくなかったわけではないだろうが、そのような考えは背後に引っ込んだことだけは確かだ。成功に次ぐ成功を収めても、まるで休んでいる時間はないとでもいうように、もはや病床につくことはなくなった。睡眠薬を飲んでもなお、夜は頭が冴え、時には経営陣に新たなアイデアについて午前二時に電話することもあった。

会社を国際化することが念願だった。日本が経済的に成長する手助けをしたかった。自分の関与が少なくなっても繁栄していける組織を建設するために周囲の人々を指導しようとした。会社と国を有意義な目標に向けようとした。

なすべきことは山ほどあった。彼の生涯に照らしてみれば、それもまた楽しいことであり、心理的に満足のいくことであり、深い意味のあることだった。

12　自己と闘うリーダー

Fighting Arrogance and Complacency

◉ 常識破りの五カ年計画

一九五〇年代から六〇年代にかけて、日本経済の成長率は破竹の勢いで上昇していった。その最前線に立って、日本企業の範となるような役割を果たしたのが松下電器だった（表6参照）。

松下電器の増収は、フィリップスとの合弁、社内の製品開発、それに二つの大規模な買収に結びついていた。一つは、冷蔵庫製造会社、中川機械（一九五三年中川電機に改称、現松下冷機）の三億円での買収であり、もう一つは、破産寸前に追い込まれたレコード・プレーヤー製造会社、日本ビクターとの提携だった。後者は、一九二七年（昭2）にアメリカのビクター・トーキング・マシンによって設立された会社である。

買収方法は、松下電器という会社をよく物語っている。中川懐春《やすはる》が幸之助に自社の冷蔵庫を松

表6◉松下電器産業と他の大手日本企業との売上げ比較

（単位:百万円）

企業名	1950年	1965年
松下電器産業	5,600	203,500
鹿島建設	4,382	147,549
ブリヂストン	5,586	73,640
花王石鹸	2,557	29,802
KDD	4,532*	14,075

＊）1953年
出典:松下電器産業社史関連資料

下電器で売ってくれないかという提案を持ってきた時、会談はわずか一三分で終わったという。のちにこの冷蔵庫メーカーが松下電器の事業部門の一つになった時、幸之助は中川に、松下に残って経営を続けてほしいと要請した。売却した側の経営者は、買収された企業に残っても窮屈で意に添わないことが多いため、通常は会社を離れるものだが、中川懐春は買収後も中川電機の社長として残り、のちに親会社の副社長にまで昇進したのである。

日本ビクターの場合には、レコード・プレーヤー会社の経営に携わったことのない素人が経営トップに雇われた。一九三〇年代に外務大臣を務めた野村吉三郎である。幸之助は彼を「戦争抑止に努めた駐米大使」として尊敬していた。

松下電器ではすでにビクターと競合する製品を生産していたにもかかわらず、生産ラインを統合するという経営方針は打ち出されなかった。買収はしても、独立した部門としての操業が許されたのである。たとえ規模の経済や組織系統の点でロスがあったとしても、部門間の競争に促された創意工夫と勤勉ささえあれば、必ず克服できると幸之助は語っている。長く側近を務めた人も、「彼は競争が好きでした。いくつかのゲームに負けたとしても、より大きなゲームに勝てばよいと信じていました。競争こそが進歩をもたらすと信じていたのです」と語っている。

こうした企業買収と内部的な成長により、会社は急速な伸びを示した戦前の松下電器に似てきた。その使命感は一九五五年（昭30）五月の華やかな三五周年記念式典によってさらに強化され、従業員を活性化させた。[*6] 一九四〇年代の苦悩は、まったく忘れられたわけではないにしても、もはや過去のものとなった。人気商品の売上高は年五〇％以上の伸び率を示し、利益はうなぎ登りに上がった。成長のスピードに雇用が追いつかず、人事部は苦慮した。こうなると、経営陣が誇らしく思うのも当然だった。

一九五六年（昭31）一月一〇日に開かれた経営方針発表会は、松下電器の経営陣にとって祝賀会のようなものだった。この機会に幸之助が計画していたことを事前に知る者はいなかったようである。

幸之助は、会社の業績については長々と語らず、その代わり、最近の経営陣の行動は自分には受け入れがたいと語り始めた。日本はいまだ欧米に大きく遅れを取っている。洗濯機のような家事労働を軽減する機械を使う日本の家庭はまだまだ少ない。松下電器の任務は、人々が有益な家電製品をできるだけ早く購入できるように努めることである。経営者である以上、五年後の一九六〇年（昭35）を考えた時、そこには攻撃的な売上目標を設定しなければならない。経営陣は適正な目標はどのくらいかを考え始めたが、そこで幸之助はある考えを提出した。五年間で売上げを四倍にすると語ったのである。

日本の礼儀からして、立ち上がって「社長は正気ではない」と叫んだ者はさすがにいなかったが、一九五六年一月のこの会議の出席者の多くがそのように感じた。幸之助自身が、経営陣は「半信半疑」だったと語っている。この目標が誤解されることを危惧した幸之助は、「売上げ四倍増の目標は名声や儲けを求めるためのものではなく、あくまでも、製造業者が社会に対して負っていると私が信じる使命を達成するための手段である」★と明言した。

この目標はいくらなんでも無謀にすぎるという者に対しては、自分たちが過去に何を達成したかについて、近い将来可能になる技術の進歩について、自分たちが現在手にしているすべての資産・能力について指摘した。これらの事業を先入観なしに虚心に検討してみれば、四〇〇％の目標が非現実的でないことがわかるはずだ、と彼は語った。心を開いてみれば、多くの可能性が見えてくるはずだ、と。

＊4-6
本来なら三五周年記念式典は一九五三年（昭28）に開催されるはずだったが、幸之助が大きな記念式典を催すには時期尚早と感じたために延期された。一九五五年五月五日、彼は従業員に対して、会社の使命を全うする誓いを新たにしてほしいと要請する演説をした。その月末には、販売代理店、納入業者、政治家、有名な芸能人などを工場見学とパーティに招待した。

松下電器の経営会議が策定し、のちに公表した計画の詳細には次のようなものが含まれていた。売上高は二二〇億円から八〇〇億円に伸ばす。従業員数は一万一〇〇〇人から一万八〇〇〇人に増やす。研究開発費は一〇倍に増やす。

松下電器の大胆な五カ年計画は世間の注目を集めた。経営陣も従業員もこれを話題にした。販売代理店も取引銀行も話題にした。幸之助の信用がなければ、だれかがこんな声明を出したとしても、物笑いの種になっただけだろう。幸之助という後ろ盾があればこそ、まじめに受け取られたのである。

計画の実行にあたっては、予想通りさまざまな障害にぶつかった。一九五七年（昭32）、新屋《しんや》純之輔はある会議に出席していた。技術者たちはその席で、いかに販売やマーケティング担当の経営陣から不満が出ようと、新型テレビの画面部分を変更することは不可能だと主張した。新屋によれば、この時幸之助は設計主任にこう尋ねたという。「この地上にはどれくらいの人々が生きていると思うかね」。主任は「たぶん二、三〇億くらいだと思いますが」と答えた。すると幸之助は言った。「それで、だれもが基本的に同じような部分を備えているね、テレビの画面みたいに。顔には目があり、耳があり、鼻があり、口があり、髪の毛がある。しかし、顔の最終設計段階になると、二〇億以上もの違う形が出来上がる。君はデザイナーだ。人の顔はテレビの画面よりもずっと小さいのだから、少なくとも二〇億以上のテレビ画面を作り出せるはずだ。それはプロのデザイナーの使命だよ」。

この主任は、「できるはずのない」アイデアに懸命に取り組んだ。新屋によれば、「『人には無限の潜在能力と無限の可能性がある』とよく言われますが、実はこういう言葉の現実性を私たちはあまり信用していませんでした。心の奥底では信じていなかったんです。ところが松下幸之助がそれを信じさせてくれた。無限の可能性というものが本当に存在することを確信させてくれたのです」。

この時期の傑出した日本の経営者の例に漏れず、幸之助は一見不可能なことを成し遂げるための決め手として「衆知」（集団の知恵）を重視した。一九五八年（昭33）一〇月に開かれたある事業部の経営会議で、幸之助は次のように発言した。「今から我々は価格競争に直面しなければならない。一〇％程度のコスト削減が必要だ。そんなことは不可能だと思うかもしれないが、それはこのような挑戦を限られた視野で見るからだ。もっと視野を広げるためには、社外の人も含めて、できるだけ多くの人の知恵を借りることが大事だ。しかも、多くの知識を集めるだけでなく、この新しいアイデアを実行するうえで、他社の協力を得られるかどうかも尋ねてみなければならない。自分たちの利益になるかどうかという点からだけで問題を見つめるかぎり、問題点を克服する力は限定されるだろう。そうではなく、衆知を利用すれば、我々の使命を実現に導いてくれるはずである」。

もし彼が、めったに他人の意見を聞かない傲慢で独裁的な経営者なら、このような言葉は重みを持たなかったにちがいない。しかし、幸之助は個人としての強力な存在感を持ちながら、幅広く情報や知識や助言を求めた人だった。みずから範を示したからこそ、彼の言葉に対する信頼は高まったのだった。

気楽で決まりきった仕事から人を揺り動かし、衆知を引き出すために、幸之助は大きな目標を賞賛すべき理想と結びつけたのだった。一九六〇年（昭35）、トヨタ自動車が松下通信工業の自動車ラジオ事業部に対して、向こう半年間で一五％の値下げを要求してきた時、この部門の経営陣はあからさまに不満の声をあげた。同年一一月二四日の会議で、幸之助はこう言った。

「この問題を、トヨタ側からの理不尽な要求と考えてはなりません。我々は今、世界のなかでとりわけ激化するアメリカとの貿易競争に対処するために、日本に何が必要なのかを議論しているところです。わが国の主要輸出品は自動車です。アメリカと対抗するには、日本車を手ごろな価格で買えるようなものにしなければならない。……トヨタから要求があるまで、手をこまねいていてはだめなのです。こうした要求を予測し、それに合わせられるように準備しておかなければならないのです」

トヨタ自動車の価格目標を満たすために、カー・ラジオ部門はアメリカから取り入れた二つの技術を導入した。統計的品質管理と価値工学《バリュー・エンジニアリング》である。また、技術者と仕入れスタッフ、販売担当者からなる製品開発チームを組織した。このチームの活発な議論が、低価格で品質の高い製品を生み出すのに役立った。

技術革新とコスト削減、そして新製品開発によって、五カ年計画の売上目標はついに達成された。だが、当初の計画通りではなかった。売上げ四倍増は、五年ではなく四年で達成されたのである。

◉ 昭和四〇年の週休二日制

自己満足を退治する手榴弾は何度も投じられた。

一九六〇年（昭35）一月、経営方針発表会の席で、幸之助はこう発言した。「わが社を日本で初めて週労働五日制を導入した会社とし、なおかつ、まだ六日制で働いている会社と同じ水準の賃金を維持したい。目標は、一九六五年（昭40）にこの制度を採用することとする」。

彼はこの新たな五カ年計画の理由をいくつも挙げた。会社においても国全体においても生産性を向上させる必要があると説いた。週五日制が常識になっているアメリカに追いつかなければならないと説いた。日本の労働者にもっと経済的に豊かな暮らしを楽しむ時間を与えなければならないと説いた。だれもが礼儀正しくその話に耳を傾けていたが、内心では半信半疑だった。

経営陣がまず懸念したことは、競争の原動力を放棄することになるのではないかということだった。すなわち、欧米諸国よりもはるかに低い時間給を放棄するということである。労働組合の幹部でさえも、最初は喜んだものの一九六三年（昭38）には、この計画は話がうますぎて――労働時間がほぼ一七％も短縮されるのに、給与や手当や他の諸条件をそのまま維持する――本当に実現するとは思えないと言い出した。

松下電器の使命、経営理念、企業文化、実績、有能な経営陣なしには、すでに大きく成長した会社でこれほど壮大な目標が達成されるとはとても思えない。たとえこのような要素が計画実現の後押しをしたとしても、日本経済は一九六五年（昭40）に景気後退期に入っていたから、多くの人が幸之助に計画を延期したほうがいいと助言していたし、それはその時点ではけっして理屈の通らないものではなかった。いつものように幸之助は助言に耳を傾け、相手の仮説に異論を唱えた。そして、目標の実現は、最終的には会社にとっても従業員にとっても、ひいては国のためにもなるのだから、たとえ困難ではあっても打開策を見つけてほしいと経営陣に要請した。

そして一九六五年（昭40）四月、松下電器は予定通り、週労働五日制を日本で最初に採用した大手企業になった。この目標を達成する過程で、生産性は飛躍的に向上し、労働時間が短縮された松下電器の従業員は日本中の労働者の憧れの的になった。

急速な成長を続けるためには常に雇用が確保されていなければならず、そのことが松下電器の企業文化に影を落とし始めていた。松下電器の使命や綱領を長々と読み上げるような従業員は次第に少なくなっていった。ひたすら従業員が増えていくと、そのほとんどが成功しか経験したことのない者ばかりになった。その結果、堕落が始まった。

この傾向に歯止めをかけるために、幸之助は、ますます国際化する経済によって挑戦が求められていることを繰り返し強調した。

「これまで日本企業は保護主義によって育てられ、外国製品は日本の消費者の手の届かないところに追いやられてきました。しかし、規制は早晩廃止されなければなりません。その日が来たら、明らかに日本製品より優れた一部のアメリカ製品やヨーロッパ製品がだれにでも買えるようになるでしょう。消費者は外国製品も日本製品も自由に選べるようになるから、その国際競争に勝てなければ、国内産業は敗者になってしまうでしょう。これまでは〝競争〟と言えば、日本の他の電気製品メーカーのことを意味していましたが、これからは世界中のメーカーを競争相手に考えなくてはなりません。我々は彼らにやすやすと打ち負かさるわけにはいかないのです★」

たとえ大きな成長目標を達成した経営幹部でも、利益率の伸びがそれに見合うだけのものでなければ、幸之助は不用意な支出を戒めた。

「利益率が上がらないということは、社会に対する一種の犯罪行為と同然である。我々は社会資本を使い、その人々を使い、その資材を使い、なおかつ利益をあげられないならば、その貴重な資源を別の道に使ったほうがましである。……もし、大勢の日本人が利益をあげられないならば、国はたちまち貧しくなってしまうだろう」

特に研究開発費などで巨額な予算要求が出されようものなら、かなり厳しいが、人によっては時代遅れに思えると言うかもしれない話を聞かされた。

「トーマス・エジソンは研究開発費に投じる金など持っていたと思うか。若い時の彼は新聞を売って生活費を稼いだ。研究開発費などいっさいなくても、彼は世界に膨大な貢献をすることができたんだぞ」

この言葉を補うために、幸之助は社内中の壁という壁にエジソンの肖像画を飾り、本社ビルの庭にはこの発明家の銅像を建てさせた。

特定の経営陣や少数の経営陣のグループが独善的な行動に走るのを防ぐために、彼は「衆知」を重視し、他の人々にもそれと同じようにすることを奨励した。日本の成功した企業すべてに見られる習慣を敷衍《ふえん》しつつ、幸之助は、決定というものは多くの従業員の意見をもとに下されるべきであり、すべての従業員が言うべきことを言った後に初めて実行されるべきものであると主張した。この主眼は、過半数の支持があれば勝てるという民主主義を標榜することではなかった。また、幸之助は決断をいとわないどころではなかった。ただ、彼が求めていたのは情報の裏づけのある決断であり、常に企業のより広範な使命を目指す決断だったのである。

とりわけ彼は謙虚であることを重視した。謙虚な人間はけっして見境のないことをしたり、傲慢になったりはしない。謙虚な人間は理想的な使命に注意を払い、他人の言うことに耳を傾け、正しいことをするだろう。

幸之助がアメリカの同業者や経営陣のように、広大なオフィスを構え、大勢の従業員を擁し、莫大な給料を取っているとしたら——幸之助の資産は個人所有の株によるものであり、給料から出たものではない——彼の言葉はあまり説得力を持たなかっただろう。しかし、彼は公人となり、一九五八年（昭33）にオランダ政府から勲章が贈られ、同じ年に『ニューヨーク・タイムズ』に好意的な記事が掲載され、一九六二年（昭37）には『タイム』の表紙を飾り、一九六三年にはロサンゼルス市から表彰され、一九六四年には『ライフ』に長文の紹介記事が載り、一九六五年には早稲田大学から名誉博士号が贈られ、一九六八年（昭43）にはブラジル政府から勲章が贈呈されても、これほどの成功を収めた人にありがちな尊大な態度に出ることはなかった。

本書執筆のためにインタビューに応じてくれた人のほとんどが、幸之助の腰の低さについて詳しく語ってくれた。山下俊彦の自伝に語られている幸之助像はその典型である。

「松下氏は相手の地位や身分とは関係なく、常に礼儀正しく振る舞っていた。たとえば販売店のための謝恩会などでは、まだ若い店員に対しても丁寧にお辞儀をし、酒を注いだ。お辞儀をする時は独特で、かなり深々と頭を下げるのだが、けっして大げさなものではなかった。私はしばしばその横に立つ機会があったが、とても同じようなお辞儀はできなかった。そんなに深々と身を屈めても、わざとらしく見えるだけだった。私のお辞儀は首の体操にすぎなかったが、松下氏のお辞儀はおのずと人柄がにじみ出ているものだった」

幸之助ほどの高い地位にある者が、若い店員にまで謙虚にお辞儀をすることなど日本では前代未聞のことである。[*7] しかし、彼はそうした。何度も何度も。ある年の会社の創業記念行事では、

＊4-7
山下が証言したように、西欧の握手と同様の日本でよく見られる機械的なお辞儀と、謙虚なお辞儀とを区別している。

大勢の聴衆に向かって挨拶し、会社のために努力してくれたことを感謝した。挨拶が終わると席に戻らずに演壇から降り、聴衆の前に進み出て三度お辞儀をした。すると数百人もの大の大人が涙にむせんだという。

もし彼の人生の主要な目的が、有名になり裕福になることだったとすれば、一九七〇年（昭45）までに自分が達成した業績に鼻持ちならないほど自信を持ち、結果としてそのように振る舞って当然だっただろう。幸之助が傲慢な企業の首領《ドン》にならなかったということは、彼の根本的な目標がほかにあったことを示唆している。

ここに一つの逆説がある。どこにでもいるような傲慢な成り上がり者は、必死になってもっと金持ちにもっと有名になりたいと思うあまり、かえってその振る舞いによって当の目標がかなえられなくなることがよくある。幸之助の場合は、時が経つにつれて、彼の最も大切な目標が、より社会的な、人道的なものになっていたので、それらの価値観が謙虚さを促し、そのことがまた会社と彼自身が成長し続けるうえで必要なことをさせるように仕向けたのだった。

◉ 衝撃の賃上げとトップ交代

会社が驚異的な成功を収めた一九六七年（昭42）の経営方針発表会で、幸之助は次のように語っている。「日本はこの二〇年間でずいぶん成長したが、ここで我々は、自分たちが引き受けなければならないことは何か、どのように行動すべきかを注意深く考えなくてはならない。まさに今こそ、我々は根本的な人生観を真摯に反省すべき時である。終戦以来、我々は一心不乱に国家再建のために働いてきた。そして今、その目的はほとんど達成した。我々には一休みして将来について考える余裕がある。我々はどんな社会を、どんな暮らしを望んでいるのか。今こそ、深く自分に問いかけ、新たな出発に向けてどんな準備をするべきかを考える時だと信じる。松下電器はこの機会にそれを徹底的に検討したうえで、将来に向けた独自の政策と計画を打ちたてるべきであろう。我々は虚心坦懐に現状を評価し、日本全体と世界全体の将来を見つめなければならない」。彼は従業員に対して「習慣に甘んじることのないように」と望んだ。「たとえそれがどれほど厳しくても、改革する勇気を奮い起こしてほしい」と望んだ★。さらに彼は、自己満足を打破するもう一つの計画を提案した。それは従業員の賃金を、ヨーロッパを上回りアメリカの賃金水準並みに引き上げることだった。

ここでも幸之助は、先入観を持たずに事実をとらえることを幹部社員に説いている。諸君は、いつまでも低賃金が日本の有利な武器になると本気で思っているのか。そうでないとしたら、競合他社に先んじて将来の条件を取り入れるのがいいのか、それとも尻馬に乗ったほうがいいのか。この五カ年計画によって生産性が上がれば、会社にとっても顧客にとっても株主にとっても利益になるのではないか。諸君の才能をもってすれば、必ずや従業員の衆知が、この一見困難な目標を現実のものとするはずだ。

長い議論が続いたが、それでも大幅な賃金上昇が妥当な方法だとは思えないと主張する役員もいた。しかし、幸之助に対する絶大な信頼感、それに協力しようとする多くの幹部社員の存在、生産性向上の鋭い論理などがあいまって、またもや幹部社員は会長の出した最新の提案を実現すべく懸命に働いたのだった。

賃金が上がると、役員も従業員も、競争力のある価格を維持するためには相当な変革をする必要があることに気づいた。既存の制度のままで徐々に小さな改善を積み重ねていくだけでは不十分だった。もっと優れた新しい手法を開発し、労働力を節約する装置を採用し、もはや適さなくなった慣習を切り捨て、さらに工場のオートメーション化を推し進めなければならなくなった。その結果、松下電器はおそらく日本で最も効率の良い大企業になったのである。ソニーよりも、ホンダよりも、そしてあの強力なトヨタよりも効率の良い会社になった。

賃金五カ年計画の開始から四年経った一九七一年（昭46）、松下電器の給料は、ヨーロッパで最も高賃金を誇る西ドイツとほぼ肩を並べるまでに上がった。五年目の一九七二年（昭47）には、松下電器の従業員の賃金はアメリカの平均値に並んだ（表7参照）。

日本の大企業はトップ交代に際して、年功序列を非常に重んじる。会長が退任あるいは相談役に退くと、社長が会長に繰り上がり、専務・常務クラスの取締役の一人が社長に昇格する。このパターンが事業を推進するうえで唯一、理に適った方法だと見なしていた。もちろん他の選択肢もある。外部から新社長を迎えることもあるし、若い役員を抜擢することもある。どちらもリス

表7◉松下電器と日本の電気製品メーカーとの給与比較

(単位:千円)

年間平均給与	1967年	1969年	1971年
日本の全電気製品メーカー従業員*1	494	686	874
松下電器従業員*2	731	1,000	1,296

出典：＊1)*Yearbook of Labour Statistics* 1972, ILO, 1972.
＊2)松下電器産業社史関連資料

クは大きい。しかし、リスクに挑戦すればこそ、新しい考えや、新しい手法や、新しい改革が期待できる。

一九七七年（昭52）一月一〇日、八二歳の幸之助は、エアコン事業部を統括していた山下俊彦と会った。当時山下は会社の序列の二五番目で、二六人いる取締役のうち二番目に若かった。彼はキャリアのほとんどを松下電器で過ごしていたが、少し前に問題の多かったエアコン事業を任されて、その市場で一躍トップに引き上げる成績を収めたばかりだった。山下は戦略的な思考と自分の意見をはっきり言う気構えを持っており、他の取締役会のメンバーのように、幸之助に従っているだけではなかった。

その日、相談役の部屋を訪れた山下はいつになく緊張していた。「何か重大なことを言われそうな予感はあったが、具体的にはそれが何かわからなかった」。

幸之助は無駄話で時間を費やすような人ではなかった。山下によれば、幸之助は彼をまっすぐに見つめて言った。

「取締役会長の高橋荒太郎が退任し、私の娘婿の正治がその後任になる予定だ。君には社長になってほしい」。その時、山下はすんでのところで椅子から滑り落ちそうになったと語っている。「返す言葉がなかった。一瞬、松下氏はボケたのではないかと思った」。

まだ地位の低い一事業部門の責任者が、松下電器の次期社長になるという発表を聞いた日本の産業界は衝撃を受けた。マスコミはこの昇格を、一九六四年（昭39）の東京オリンピックの体操競技で金メダルを取った山下治広《はるひろ》の前人未踏の跳躍にちなんで「ヤマシタ跳び」と命名した。一部には、この後継人事を誤りだと指摘し、新社長は別の人に代えるべきだと主張する者もあった。

リスクを伴うにしても、幸之助の目的は単純だった。信じがたいほどの成功と成長を遂げた松下電器は、IBMやGMといったグローバル企業と同じような問題を抱え始めていた。彼の決断は——けっして弱気になったのではなく——組織を揺さぶることにあった。

当時、役員の大半は、このような問題が生じる原因は日本の家電製品市場が飽和状態にあるためだと考えていた——市場はもう急速には発展しないし、競争は熾烈を極めるばかりだ。これ以上何を期待できるというのか。

しかし山下は、幸之助ばりの「素直な心」と「衆知」で状況を調べた結果、違う結論を出した。「我々は肥満して動きが鈍くなり、近視眼的になっている。さらに悪いことに、この病人は自己満足に陥って、自分が中年の危機にあることに気づいていない」。

◉山下イズムによる組織大改革

新社長が発表した最初の目標は「再生」だった。山下は役員たちに、この会社がどうしてここまで成長できたのかという視点を見失っていると警告した。そして、「副社長制」を廃止し、より公平な事業部門間の人事交流と海外生産を推進した。彼は何よりも「不断の改革」を重視した。山下の大胆な改革は、当然のごとく古参役員の抵抗に遭った。彼らは私心からの発言ではないかのように、山下の考えには問題があることを折りに触れて語っていた。彼らは対面を保ちつつこの〝青二才〟を脇へ追いやる方法を心得ていた。幸之助はこういう連中の話を聞くと、その言葉に自己保身と偏見を見て取ったので、何も行動を起こさず、かえって新社長を誉め、励ました。

山下は、二、三の重要なケースを除いて、事業の決定権を各部門のトップに委ねた。彼は、設計スタッフがVHSの二時間テープを製作する前から、RCA向けの四時間テープの製造に全社を巻き込んだ。ラジオを製造した時と同じような経緯をたどって、VHS開発チームは奇跡を起こした。四時間テープに消費者の人気が集まり、ビデオ・デッキの分野でのソニーとの闘いに松下グループは勝利したのだった。

山下はまた、コンピュータ事業を復活した。一九六四年（昭39）、幸之助はコンピュータ本体の製造を中止させた。この決定は多方面から非難され、しばしば業界紙から「経営の神様」ともてはやされてきた松下幸之助も結局神様ではなかったことを証明するものだと評する人もいた。*8山下は巨大なコンピュータ市場に再び参入するのではなく、半導体の開発を強力に推し進めたのだった。

一九八六年（昭61）に山下が社長の座を降りた時、一九七七年（昭52）にこの人事を疑問視した人々でさえも、彼の在任中の仕事を悪く言う人はほとんどいなかった。

どんなに進取の気象に富む企業家でも歳をとれば保守的になるものである。権力と富を失うまいとして、慎重さが大胆さに取って代わる。皮肉なことに、リスクを回避しようとすればするほど会社は弱くなり、過去の財産を守ることすら覚束なくなる。幸之助の場合、こういうことはあまり起こらなかった。ある点では、井植や高橋やその他の対抗勢力が去ったり引退したりしたあと、八〇歳代、九〇歳代でいくぶん自由になったのかもしれない。

彼がとても気に入っていたサムエル・ウルマンの詩は言っている。

青春とは人生のある期間ではなく、心の持ちかたを言う。薔薇の面差し、紅の唇、しなやかな肢体ではなく、たくましい意志、ゆたかな想像力、炎える情熱をさす。青春とは人生の深い泉の清新さをいう。

青春とは怯懦《きょうだ》を退ける勇気、安易を振り捨てる冒険心を意味する。ときには、二〇歳の青年よりも六〇歳の人に青春がある。年を重ねただけで人は老いない。理想を失うとき初めて老いる。

晩年になって枯れるどころか、幸之助の理想はさらに力強く育っていったように見える。そしてその理想によって、彼の影響力は以前にも増して広い範囲に及んだ。

＊4－8
コンピュータ事業からの撤退は、松下幸之助の最悪の決定の一つだと一般に言われている。膨大な研究開発費がかかるために、すでにいくつかの会社（GE、RCA）が撤退していた。日本では当時の通産省を通じて研究開発費の援助がなされていた。ある事情通によれば、幸之助は「通産省は松下電器に十分な予算を回さず、長年の付き合いのある東京の企業を支援するにちがいない」と確信していたという。

MATSUSHITA
Leadership

第5章

PHILOSOPHER AND EDUCATOR : 1970-1989

◉

理想のリーダーシップへ

1970年（昭和45）～1989年（平成元年）

自著『人間を考える』を手にして自分の思想を語る幸之助（1972年）。この年喜寿を迎えながらも、オピニオン・リーダーとしての活躍はまだ始まったばかりであった。

13 人間の本質の研究

The Study of Human Nature

◉ PHPは対米宣伝機関か

一九六一年（昭36）、松下幸之助は六六歳で松下電器の会長に就任し、社長には娘婿の正治が任命された。一九六〇年代半ばに短期間だけ現場の実務に復帰したものの、一九七三年（昭48）に高橋荒太郎が会長に指名されると相談役に退き、幸之助は会社の日常業務から遠のいていった。

輝かしい成功を収めたのち、その職業がなんであれ、人生のどの時期であれ、次はどうするかという問題が持ち上がるものだ。さらに同じことを続けるのか——ある年齢を過ぎると、常に優秀な業績を上げることは不可能になる。それはスポーツにおいては当たり前のことだが、企業家であっても次世代へ権限を委譲しないと、組織の利益が維持できない。しかし、さらに同じことを続けるのが答えでないならば、いったい何をすべきなのか。過去の栄光に浸り続けるのか。それとも、ゴルフ三昧の日々を送るのか。

晩年の幸之助は、世間によくある退職後の活動で時間を費やすことはほとんどなかった。ゴルフはしなかった。交響曲に耳を傾けるとか長い休暇を取ることもなかった。その代わり、数々の本を書き、さまざまなプロジェクトに資金を提供し、ＰＨＰ研究所とともに働いた。

幸之助自身の手によってＰＨＰ研究所が正式に発足したのは、一九四六年（昭21）の一一月のことだった。この機関の設立目的は、人間の本質を探究し、日本が二度と第二次大戦のような自殺行為に向かわないようにするための一助となすことだった。この基本構想はその名前自体に含まれている。すなわちＰＨＰとは、「繁栄《プロスペリティ》によって平和《ピース》と幸福《ハッピネス》を」という意味である。

ＰＨＰの研究活動は一九五〇年（昭25）に、機関誌『ＰＨＰ』の発行を除いて中止された。活動が再開されたのは、幸之助が再び活動に参加するようになる一九六一年（昭36）のことだった。一九六七年（昭42）に京都に専用ビルが建てられるとＰＨＰは著しく研究範囲を広げた。

晩年の二七年間、幸之助はこの小さな研究所の仕事に何千時間もの時を費やした。二〇世紀を通じて彼が発揮したさまざまな独創性と同じように、これもまた異例の試みだった。これと比較できる例はアメリカにもない。表面的には、とりわけ欧米人の目で見るかぎり、ＰＨＰの活動は純朴な理想主義のように見えるかもしれないが、これらの活動には、幸之助がその晩年に何よりも大切にしたことが反映されている。

ＰＨＰの設立は、幸之助がＧＨＱによって自分の会社から追放された同年同月である。この研究所が平和を標榜し、しかもその名前が日本語ではなく英語で書かれ発音されていることからみて、アメリカ向けの宣伝機関ではないかという懐疑的な見方があったとしても不思議ではない。

研究所で最初に催された公式の会合に、幸之助は松下電器の三〇人の従業員を集めた。その席で幸之助は、日本の惨状について語り、なぜこんなことになってしまったのかということについて、いくつもの疑問を投げかけた。繁栄と幸福がいかにして達せられるかということについて語った。彼はとりとめもなく語った。集まった人々は尊敬の念をもって耳を傾けてはいたが、本音では何を思っていたかはわからない。

公職追放のために働けなくなった時、幸之助はPHP活動のためにすべての時間を費やした。彼は大阪の梅田駅前で、PHPの紹介と会合の日時・場所を記したビラを配った。大阪図書館(現中之島図書館)では月に一回研究講座を催し、東京と名古屋でもPHP活動を展開した。

日本人の反応ははかばかしくなかった。松下電器の労働組合は、なぜ幸之助は会社を救うためにもっと時間を割いてくれないのかといぶかしく思い、この活動に参加しないかと誘われても断った。他のグループの反応も同様だった。どんなに努力しても、PHPの集会にはせいぜい一〇人程度しか人が集まらなかった。

自伝のなかでは、幸之助は曖昧に「PHP活動の滑り出しはそれほどよくはなく、さまざまな問題がからまっていた★」としか語っていない。飢えた国民は人間の本質について議論するより食料を確保することに関心があったからだろうが、彼は何が問題だったのかを述べていない。

一九四七年（昭22）四月、この小さいながら日々奮闘する研究所は機関誌を創刊した。一九五〇年（昭25）七月、松下電器がＧＨＱによるすべての規制から解放されると、幸之助はこの研究所の活動を、機関誌を除いて中止した。この決定のタイミングから、彼の真の目的が何だったのか首を傾《かし》げざるをえないが、研究所のおかげでＧＨＱ当局のお目こぼしを受けたという証拠は何もない。

幸之助自身が述べているように、終戦直後のＰＨＰ活動はそれほど実りあるものではなかった。しかし彼は、この組織が彼個人にとっては重要な役割を果たしたとも語っている。「この三年間……ＰＨＰこそは本当に私の心のよりどころだった」。

ＰＨＰ研究所はそれなりのＰＲ効果を果たしたかもしれない。とはいえ、幸之助の言うとおり、それ以上にこの組織は彼自身を救ったのだろう。終戦直後はとてつもなく大きなストレスがのしかかっていた。自分の会社が崩壊するかもしれず、彼自身も経済的に破綻し、戦争犯罪人のレッテルを貼られるという可能性がしばらくの間現実に存在していた。しかも悪いことに、その間、彼はそれらの問題に対処する力さえ奪われていたのである。このような状況と彼の経歴を考えれば、理想主義的な活動は慰めになったことだろう。

もしこの研究所がＧＨＱの心証をよくするための宣伝機関にすぎなかったとしたら、一九五〇年（昭25）以降は無意味なものになっていたはずだ。だが彼は、一九六〇年代に入って会社の一線から身を引く決意をすると、ただちにＰＨＰに戻っているのである。

◉ PHPは二流の宗教か

一九六一年（昭36）、幸之助は松下電器の社長の座を退き、会長になった。会社への貢献は続けたが、直接業務に携わることはなかった。その年の八月、彼はPHPの研究活動を再開し、みずから本格的にその仕事にかかわっていった。

この時すでに彼は、豪邸を買うなりみずからの経営論について本を出すために大勢のライターを雇うなりできる金を持っていた。だが、一九六一年（昭36）末に『タイム』が幸之助にインタビューするために派遣したリポーターは、この著名な日本の企業家が「簡素な京都の別邸」で数人のPHP研究所員とともに何時間も働いていることを報告した。「この研究所の落ち着いた庭の、庵風の雰囲気に包まれて、彼はお茶をすすり、花びらをあしらった菓子を食べ、三人の若い所員と研究会を開いて、繁栄と平和を人類にもたらすにはどうすべきかを議論している……」と『タイム』の記事は伝えた。幸之助は記者に対して、もっとよく人間を理解しないかぎり、繁栄というものはとらえがたいものだと思うと語っている。「だから、謙虚な心で、人間の本質を研究したいのです」。

続く四半世紀、幸之助はPHPの活動を促進した。そこで何千時間も人間の本質について議論し、それと経営や政府、公共政策、日常生活などとのかかわりも議論した。

幸之助の支援を受けて、ＰＨＰは一九六八年（昭43）に出版部を開設し、翌六九年には国際部を設け、さらに七〇年には『ＰＨＰ』の英語版を創刊した。一九七五年（昭50）には、『人間を考える』、七七年（昭52）には『21世紀の日本』を刊行した。一九七七年五月にはＰＨＰセミナーを開始し、一二月には月刊誌『ＶＯＩＣＥ』を創刊した。七九年（昭54）にはシンガポールに事務所を構え、翌年には機関誌の環太平洋アジア版をスタートさせた。この年、スペイン語版を刊行し、一九八一年（昭56）には国外で初めてＰＨＰセミナーを開いた。

一九八三年（昭58）五月、ＰＨＰ研究所は、日本政府と実業界、一般市民のために政策提案することを目的にした「世界を考える京都座会」を開設した。幸之助は自伝のなかで、この会議を「国際社会のなかで日本がそれにふさわしい役割を果たす一助」と位置づけている。会議では、著名な作家、学者、実業界のリーダーたちが中心となって、次世代の問題を探った。「日本と他の国々に共通した問題を根本的に理解し、困難な問題に対して実行可能な解答を得ること、すなわち、どのような哲学をもって全世界の人々は共存共栄を図るべきか、新しい世界規模の制度と秩序を創造するうえでどのような原理が役に立ちうるか★」。いかにも幸之助らしい、大まじめな目標である。

一九八九年（平元）に彼が死去するまでに、ＰＨＰ研究所は三〇〇人以上の所員を雇うほどに成長した。これらのスタッフの大半は編集出版事業に従事している。一九九七年現在、刊行する雑誌は一一誌に及び、そのほとんどが月刊誌で、発行部数の総計は三〇〇万部を超える。また年間四〇〇冊ほどの単行本も刊行し、その内訳は一般向けのノンフィクション、実用書、研究書、子供向けのフィクションなどである。ビデオ化されて販売されている単行本も多い。

また非出版部門では、経営セミナー、友の会、研究活動などを行っている。PHP経営セミナーの多くは二、三日のプログラムで、これまで一八万人以上が参加している。PHP友の会は三〇〇〇の任意団体で、PHPの支援を受けて広範な活動に従事している。研究活動は大きく三つの分野に分けられ、その一つが「世界を考える京都座会」である。

これらの活動のすべてについて、影響力の程度を判断するのは非常に難しい。幸之助が死んだ時点で二〇万人近くもの従業員を抱えていた大企業グループに比べれば、あらゆる面でこの研究所はあまりにも小さい。とはいえ『PHP』は、日本の月刊誌のなかでかなりの間、最大の発行部数を誇っていた。これはアメリカやヨーロッパでは、とても理解しがたい事実である。『PHP』の英語版は「より良い世界のためのフォーラム」と銘打たれている。一九八〇年代に発行された典型的な号を見てみると、「声」と呼ばれる常設欄にはさまざまな国の読者の短いエッセイが掲載されている。アメリカに住むダン・タウンゼントというカメラ修理工が軍縮について書いており、インドのエコノミスト、K・ラドハクリシュナン・ナイールは国内の民族的反目について述べ、インドの教師、スシーラ・アガールワルは平和教育を語っている。

これらの雑誌、セミナー、単行本はどれも純粋な理想主義のように見える。懐疑的な人ならもっとひどいことを言うかもしれない。[*1] しかし、これらの刊行物は明らかに晩年の幸之助の活動のほとんどを反映している。常識からみれば、ＰＨＰの活動は大胆かつ夢想的か、あるいは大金持ちが作り上げた金のかかる玩具としか思えないだろう。

◉「衆知」を信じる幸之助

ＰＨＰとともに幸之助が発展させてきた理想の本体は、いくつかの宗教と同じように巨大で複雑に見える。現代人の耳にはその理想は時代遅れのように響き、第一印象としてはごく単純な概念の組み合わせに思える場合もあるが、細部に分け入ると混乱もしくは矛盾している。幸之助の人の意見をよく聞く習慣と、便利な考えをどこからでも借用する癖がこれに一役買っているのは間違いない。とはいうものの、ＰＨＰ哲学の核心は――それはまさに幸之助の哲学にほかならないが――いくつかの点に要約することができる。

1　人間は根本的に善良で、分別がある

「さる著名な政治学者がかつて、すべての現実主義的な政治哲学は、人は本来邪悪なものだという思想を前提にしていると指摘したことがある。もちろんマキャベリの『君主論』がその最たる

＊5－1
「二流の宗教」と揶揄した人もいたが、名前は出さないでほしいと言われた。

ものだが、そういう例はほかにもたくさんある。プラトンが『国家』で展開している『哲学者の王』という理想にしても、賢人による政府という孔子の理想にしても、どう見ても人民はみずから統治できないという前提に立っている。このような思想家は立派な人なのだろうが、言っていることは間違っている。人間は本来邪悪ではないし、愚かでもない。人は時には弱く、自分の良心に従えなくなることがあるし、あまりにもたびたび悪い誘惑に負けてしまうけれども、根本的に心が悪く、よこしまな欲望を抑制する理性の声に従えないような人はほとんどいないのである」

幸之助の個人史、とりわけ一八九〇年代と一九四〇年代の悲劇に照らしてみれば、彼が人間についてもっと悲観的な結論を引き出しても不思議ではない。しかし彼は、その人生の大半でいかに人が善良なものであるかを見てきたと語っている。何度も何度も彼は個人に責任を委ね、個人を信じた。そして、何度も何度も彼らは小さな奇跡を起こしてくれたというのである。

2　人類は物質的にも精神的にも、成長し進歩する力を発揮してきた

「たしかに人間の歴史は悲劇に次ぐ悲劇の連続――戦争、暴虐、迫害、飢餓など――だったと言えるかもしれない。しかし、我々は同時に、物質的にも精神的にも成長と進歩を遂げてきた。科学と技術は我々の生活に安全と快適さをもたらし、創造性を発展させる余裕を与えてくれた。また、さまざまな時代を通じて、偉大な宗教によって人はますます心の平安を得られるようになった。あるいは、文学や芸術の傑作がどれだけ我々の生活を豊かにし、哲学者や思想家がどれだけ

人間を理解することに寄与してきたかを考えてごらんなさい」

幸之助は、自分自身の人生経験がこの信念を支える多くの証拠となったとも語っている。教育を受けなかった人物が大きな責任を引き受け、すばらしい仕事ぶりを見せるまでに成長した例を数多く見てきた。国が軍国主義から民主主義に変わる様も見てきた。自分の会社が大きくなり、何十億もの人々がより快適な生活を送る助けとなっている様子もつぶさに見てきた。何にも増して、八〇年間にわたって自分自身が途方もない成長を遂げたことを肌身に感じていただろう。

3　人類は選択する力を持っている

旧来の社会では、神々ないしは自然が世界を治めていると信じられていた。近代社会科学では、人間の行動は、遺伝子や心理や社会や経済などの種々の力によって決定されると考える傾向にある。自由意志という概念はそのどちらの立場でもすわりが悪い。幸之助の哲学では自由意志が非常に大きな部分を占めている。

「私は、人間は自分の運命に責任を持ちうる自由意志を持っていると信じている。人間は選ぶことができる。……一つの道は平和と幸福につながり、今一つの道は混沌と自己破壊につながる」

自分たちが無力な将棋の駒にすぎないという考えは無意味だと幸之助は語っている。若く無一文でスタートした時にも、彼は選択を迫られるような重要な機会に何百回となく直面した。五代家に残るべきか去るべきか、大阪電燈で働き続けるべきか事業を起こすべきか、一九一七年（大

6）一一月の時点では事業をあきらめるべきか挑戦し続けるべきか、一九二〇年代半ばにはもっと高い目標を掲げるべきか、さまざまな時点で迷いがあった。ＰＨＰの研究スタッフと共同で自身の経験について熟考した結果、もし、自分を無力な将棋の駒だと思っていたら、これらさまざまな出来事は自分を別の方向に導き、まったく異なる人生を歩ませていただろうと結論した。自分にほとんど選択権がないと知ると、人は無力になってしまうと幸之助は信じていたのだ。

4　我々には、世界が直面している困難な問題に物質的・精神的な資源を集中させる力がある

人間は根本的に善良であり、進歩は可能であり、選択する力を持っているという前提から、必然的に第四の原理が導き出される。

「人間の文明のこの重大な曲がり角においては、人間の知恵は本質的に正しいという自信に立ち返る必要がある。我々には世界に突きつけられた問題の解決のために物質的・精神的資源を集中させる力があるということを肝に銘じるべきである。危機に直面した時に自分たちの力を結集することはたやすいが、その際、危機感に圧倒されて不必要に悲観的になってはいけない。それは絶望と停滞を招く。未来に対する希望を失わないようにしよう。物事の流れを最後に支配するのは民衆の意志であるということを信じよう。なぜならば、それは本質的に善であり、民衆の意志が最後には勝利して、世界を新たなより良い時代へと導いていくからである」

5 困難な問題には、素直な心と他人から学ぼうとする気持ちで立ち向かう

「素直という言葉は、概して人間の性格の弱さや従順さを意味し、開けっぴろげの素朴さ、誠実であろうとする気持ちを意味する。素直な心とは、とらわれない心、新たな状況にうまく適応していける自由な心と言えるかもしれない。こういう心を持った人は、そのつど物事をあるがままに見つめ、個人的な思い入れや偏見なしに率直に受け入れることができる。偏見を抱いている人は、何事をも色眼鏡や歪んだ眼鏡を通してしか見ることができない。そういう人にとっては、白い紙は青く見え、直線は曲がって見えるかもしれない。これではその物の本質は見えないままになってしまう。こういう歪んだ知覚を通じて見えるものから判断を下そうとすれば、惑わされることになりかねない」

素直な心は、幸之助の思想の中核をなす言葉である。現実を正直に直視せよ、と彼は人に語りかける。過敏に反応したり政治的策動に目をくらまされてはいけない。「雨が降れば傘をさすがよい」と幸之助は語るのである。

これは、努力すればだれでも涵養できるものだと彼は信じていた。学校でも教えられる。社会に出てからもこういう見方を学べる。最終的には力強い成果を得られるはずだ。素直な心を持てば、どんなことからも、どんな逆境からも、どんな場所でも学べるものだと、彼は助言している。

◉ 特異な理想主義者

学歴の高い人は、ＰＨＰとその哲学について懐疑的にしか見ることができない。「素直な心」を除けば、ここに書かれた理想は新しいものではないからだ。手放しの楽観主義は幼稚にさえ感じられる。当然のことながら、このような努力はすべてなんらかの隠れた目的のために企画されたものではないかと疑う者もいる。おそらく会社や創業者のための格好のＰＲになっているのではないかというのである。

幸之助がこの研究所の哲学を深く信じており、それは彼の人格の一部となって彼の成功を助けたと言われたら、懐疑的な人は訳知り顔に笑みを浮かべて、幸之助に愛人がいたこと、癇癪持ちであること、第二次大戦に荷担したことに言及するだろう。

しかし、幸之助をよく知る人は決まって、彼は誠実にＰＨＰ哲学を信奉していた、彼の楽観的な信念は少なくとも後半生では彼の存在の中核をなす部分だと主張する――幸之助の行動を見てください。もし人間の本質について、進歩について、謙虚の大切さについて、別の考えを持っていたとしたら、どんなふうになっていたか想像してみてください、と。人々の善意についての信念がなかったとすれば、一九三二年（昭７）に会社の使命を明示することもなかったし、事業部制を敷いて従業員に大きな責任を与えるなどということもしなかっただろう。もし、進歩が可能で、人間はそれを指揮することができるという信念がなかったら、彼は長期的な視野に立って挑戦し、他人にもそうするように促すことはなかっただろう。素直な心の力を信じていなければ、一九五〇年代、六〇年代、七〇年代を通じて自分の企業を柔軟で適応力のある組織として維持することはできなかっただろう。

彼らはまた、幸之助が、たった一人でもこの種の哲学を信奉するようになれば、人類はさらに多くのことを達成できると信じるようになっていたとも語っている。幸之助は、PHPの最も基本的な考えは時空に限定されるものではないと見ていた。それは日本でもアメリカでも通用するし、二〇世紀でも二一世紀でも潜在的に強力な思想として通じると考えていた。だから、晩年の彼は、もっと多くの信奉者を生み出そうと多大なエネルギーを注いだのである。

幸之助と同世代の人々が引退しても、彼は大勢の人々を教育し、動員しようとした。楽観主義的なPHP哲学を精力的に宣伝し続けた。「歳をとって、ある程度の富と名声と社会的名誉を得たら、人は満足してしまうものです」。一九五〇年代に初めて幸之助と出会い、彼の死亡当時、松下政経塾の理事長を務めていた新井正明はこのように言う。「ふつうなら『もうなすべきことは十分した。さて今後は一線から身を引いて、人生を楽しみたい』と思うところです。しかし、松下幸之助はけっしてそのようには考えなかった。たえず目標を高く掲げ、より困難な目標を設定していました。達成すべきことはまだまだある、社会はもっと進歩できるといつも信じていたのです」。

少なくとも従来の意味では、幸之助はけっして引退しなかったが、自分が創設した会社の実務は断念した。ずっと行動し続けてきた実業家が次のステップとして、簡素な京都の別邸、真々庵《しんしんあん》に陣取り、研究所員とともに哲学的な研究に没頭することはあまり似つかわしくない。とはいえ、これは彼の人生における休止ではなかった。数十年にもわたって、彼は学び、成長し続けてきたのである。六五歳、七五歳、八五歳になっても、それは変わらなかった。

14 「成長」への信頼と実践

Books and Philanthropies

◉理想の実現に向けた急進的提言

幸之助の最初の著作は一九五三年（昭28）、最後の著作は没後の一九九〇年（平２）の刊行である。この間、四六冊の本に彼の名が記された。その大半が短いものであるとはいえ、著作目録が小冊子ほどの量があるというだけでも驚異的である。

慈善活動《フィランソロピー》については、欧米人からみれば当然のように感じるだろうが、日本では裸一貫で財をなした個人が巨額の資金を費やす伝統はない。幸之助は個人資産から二億九一〇〇万ドル、会社の資金からも九九〇〇万ドルの寄付をしている。

著作も慈善活動も、ＰＨＰ研究所との共同作業から生まれたものである。彼が自分の哲学について書いた文章は広く読まれ、そういう哲学と一致した活動を支えるための巨額の資金を生むことになった。ほとんどの著作と原稿は、幸之助の考えや話をもとに、ＰＨＰの若い研究員が事実上まとめた。著作の内容は多岐にわたるが、一貫して一つの主題が強調されている――我々は現状を打破し、より良いものを目指して努力すべきだ、と。

『新国土創成論』（昭51）では、日本には使える国土が不足していることが論じられている。国土面積の七〇％が山地であるために、世界の他の国に比べて人口密度が著しく高い。人口が密集していることから、交通渋滞、環境汚染、貧しい住宅事情など、多くの問題が生じている。また、耕作地が不足しているために食料を輸入に頼らざるをえないという問題もある。

幸之助は、国家が巨大な公共事業に乗り出すべきだと主張する。それも数世紀かけて使用可能な国土を二倍にするという大胆な目標を掲げる。山岳部を平らにして、その土砂を海岸の埋め立てに使えば、この目標は達成できるという。しっかりとした計画と下準備をするためには、残りの二〇世紀のすべてが必要になるだろう。その後の建設ペースは短期の経済状況に合わせる。不景気の時は仕事量を増やす。好景気の時はペースを遅くする。

これを非現実的だと指摘する人に対しては、神戸港沖の四三〇ヘクタールの埋立地に建設されたポート・アイランドの例を持ち出した。この計画は、六甲山の土砂を使い、一三年という比較的短期間で完了した。市役所にこれだけの仕事ができるのだから、国にそれ以上のことができないわけがない。人口過密が解消され、耕作地が増え、住宅地も増えれば儲けものではないか。

幸之助は一九七八年（昭53）に、国家予算の一部を毎年積み立てることによって、将来日本を無税国家にすることができると別の提案をしている。収支ギリギリの予算配分や、赤字を出すくらいなら、毎年の歳入の一〇%を貯蓄に回すべきだという。この基金の利息は税率を引き下げるために使う。一〇〇年も経てば、政府を運営できるだけの余剰金が貯まるだろう。貧富の格差が広がらないようにするために、富裕層への課税は続ける。平均的な日本国民にとっては、国税庁は消滅することになる。だが、これはやや暴論である。

国土利用の提案も税制度の提案も、幸之助ならではといえる。どれも人間の潜在能力についてあきれるほど楽観的である。政府に対しては長期的な展望を持てと要請し、未来の世代のためには犠牲が必要だと説く。[*2]

高等教育の改革案も、別の意味で急進的である。日本では、小・中学校は厳しく教育するが、大学教育はそうではない。アメリカの大学とは逆に、日本の大学生は大学生活を長期休暇と見なしている。非常に生産的であるはずの時期の若者に、四年もの休日を国家が与えるべきではない。総合大学をもっと厳しくするか、単科大学の数を半分にするか、その二つの選択を問われたら、彼は後者を選ぶという。優れた義務教育を受けた後は働きに出る人がもっと増えてしかるべきだ。仕事からも人は学ぶことができるし、質の良い教育は教室を必要としない、という。

＊5－2
大幅な赤字財政は祖父母の生活のために孫が金を払っているようなものである。大きな貯蓄はその反対だと幸之助の提案は述べている。

幸之助はこの発想を、二流の大学に対するエリート的な攻撃と誤解されないように、次のように述べている。「今や東京大学は世界有数の学府であり、かりにこの国の大学の半数が廃止されても、間違いなく東京大学は残るだろう。それでも、この大学を閉鎖した時の経済効果を試算してみるのは興味深い。というのも、日本政府はその運営に五〇〇億円規模の予算を費やしているからである。この支出を削減するだけでも相当な貯蓄ができるが、それだけでなく、東京大学が所有している土地、施設などの資産を合わせると、控え目に見積もっても一兆円くらいにはなる。これらの資産を国民に売却し、その売上げの一〇%が年間利子になるとすれば、年間一〇〇〇億円が国庫の収入になる。これに年間運営費の五〇〇億円を足せば、東京大学を閉鎖することによって日本政府は毎年一五〇〇億円が節約できる計算になる」。

エリートの大半が東京大学で学んできた国で、こういう発想をすることは、ある意味ではアメリカでハーバードやエールやプリンストンを閉鎖した時にどれだけ節約できるかを計算する以上に乱暴な考えである。

幸之助が教育、税制、土地利用について大胆な提案を始めた時、多くの人は、成功を遂げた事業家なのだから、自分流の奇妙な着想は胸にしまっておくべきだと考えた。そんな大胆不敵な提案をしたら、人からは背を向けられ、会社を傷つけることになるかもしれない。彼はそういう忠告に耳を傾け、悩んだ。[*3] しかし、いずれにしろ最終的には、本は刊行された。それによって彼は松下電器の社員以外の読者を得た。彼は、より広範な聴衆を求めたのである。

◉経営哲学としての楽観主義

経営についての著作もまた過激である。それらは時にとりとめもなく、まとまりに欠け、表面的に見えることもある。だが、基本的な思想は説得力があり、しばしば議論を呼んだ。

幸之助は、株主利益の最大化について語ったことはない。むしろ民間企業には広範な責任を伴う公共的義務があると説く。「経営の使命ないし基本的な役割は、人間の欲求を満たし、生活の質を向上させることにあると私は信じている」。当時の日本では、企業の公共的義務を語るのは異例であった。ふつうは「国のため」が強調され、「国民の生活の質を向上させるため」とは言わない。

他の人がマーケティングなり金融戦略なりについて書いている時、幸之助は人間の本質について語り、利益の役割、顧客、信念の力、そして自信を持つことの重要性を語っているのだ。一九六〇年代から七〇年代にかけて、アメリカで新たなコングロマリットが頭角を現し、日本で

＊5－3
『人間を考える』を出版した直後、松下幸之助は下村満子にこう語っている。「私が本を出そうとすると、周囲の多くの人がやめたほうがいいと言った。私は信用を失い始めた。今でも、これを出版したのは間違いだったのではないかと思っている」。

は財閥系企業グループが成長し始めているのに、彼だけは「会社というものは常に専門化すべきで、あまり経営を多角化すべきではないというのが自分の信念だ」と書いている。

著作では、人間について、経営の人間的な面について、そしてリーダーシップについて語り、繰り返し、衆知の重要性を述べている。企業は、従業員の集合的エネルギーと能力の総和にほかならない。少数の個人が自分の力だけで、二、三の賢明な戦略的決断、あるいはM&Aを通じて大きな事業が成し遂げられるという考えはばかげている。長期にわたって、従業員が自分の技能を磨き、決断し、やる気を起こすことこそ大切なことである。「衆知」にこそ本質がある。

技能や知恵は、簡単に買い求められるような日用品とはわけがちがう。企業が涵養すべき資質なのだ。従業員を積極的に育てようとしている会社は、既存の能力を利用しようとするだけの会社よりも、はるかに有利である。技能はさまざまな方法で学ぶことができる。書物からも、授業からも、仕事からも、人生の経験のすべてから学ぶことができる。この観点からすると、たとえ最初はつらい仕事のように思えても、従業員に本当の権限と責任を与えることほど効果的なことはない。従業員にいつも命令ばかり出していると、学び成長する機会を奪ってしまうことになる。

情報を共有できれば、自分の経験から学んだことは大きな効果を発揮する。情報がないと、賢明な判断もできず、それがどれだけの効力を発揮するか評価することもできない。経理、販売、技術などの情報を共有しない企業は、従業員の成長を阻害する。

自分の経験から得たことは、素直な心を持てば、なおさら効果を発揮する。できるだけ先入観を持たず従業員に物事の見方を教えるのはリーダーの仕事の一部である。自分を信じ、どんなことでもやれると信じさせるようにするのも仕事である。

決断は、企業の成功のためにはとりわけ重要である。資金が乏しく、市場シェアが小さい会社でも、自分の能力を信じていれば大手の競合他社に勝つことができる。成功のカギを握っているのは心構えである。心構えのはっきりしているグループにはそれだけやる気が満ちている。リーダーの使命は、強烈なビジョンを浸透させ、権限を組織に分担させ、またみずから手本を示すことによって、組織の士気を高めることにある。

謙虚で他人を尊重し、新しい経験をして勤勉で楽観的なリーダーは、良き模範になれる。結局、物事は人々が起こすのであって、リーダーが起こすのではない。しかし、良きリーダーは、社会に役立つようにグループの潜在能力を最大限にまで引き出す手助けをすることはできる。

幸之助の経営に関する著作には、最も基本的だが暗黙の了解を含む前提がある。それは、もし事業を成功させたいなら、悲観的な世界観と人間の潜在能力に関する否定的な仮説は有害だということである。悲観的な考えを抱くと、個人と組織を育てるうえで必要になるチャレンジ精神、素直な心で他人の意見を聴き入れる謙虚さが奪われる。そのような態度は自己満足にしかならない。私欲や憎しみにしか訴えかけない否定的な哲学が、共同作業を持続的に鼓舞することはありえない。

マサチューセッツ工科大学スローン経営大学院のダグラス・マグレガー教授は一九六〇年（昭

35）に刊行された『企業の人間的側面』のなかで、人間について楽観的にとらえる仮説を「Y理論」、悲観的にとらえる仮説を「X理論」と呼んだ。マグレガーは、多くの経営者がこのX理論を信じているが、この種の態度では組織をうまく運営することも、成長させることも、社会に役立つこともできないと主張する。幸之助の著作のすべてを通じて暗黙の前提になっているこの考え方は、マグレガーがその本を三五年前に上梓した時も物議をかもしたが、今なお議論に値する。

◉ 幸之助の科学観

二〇世紀の日本には、多くの著作をものした企業家がもう一人いる。彼の著作と幸之助のそれを比較してみることは非常に興味深い。

大河内正敏は、現在の千葉県内に位置する旧大多喜藩主の長男として一八七六年（明9）に生まれた。一九〇三年（明36）に東京帝国大学工学部造兵学科を卒業、ドイツとオーストリアに留学した後工学博士号を取得し、一九一一年（大元）、三四歳で東京大学の教授に就任した。一九二一年（大10）に理化学研究所所長に就任し、一九二七年（昭2）からは理化学興業（現リコー）を含むさまざまな企業の創設にかかわった。大河内率いる理研産業グループは、最盛期には日本で第一四位の大企業だった。

五五歳から七〇歳にかけて、大河内は多数の単行本と論文を発表し、そのうちのいくつかは当時ベストセラーになった。書名の数々は彼の関心のありかを雄弁に物語っている。主なものには、『工業経営総論』（昭９）、『工業経営の科学化』（昭10）、『新興日本の工業と発明』（昭12）、『農村の工業と副業』（昭12）、『農村の機械工業』（昭13）、『持てる国日本』（昭14）、『統制経済と経済戦』（昭15）、『生産第一主義』（昭16）、『国防経済と科学』（昭17）、『必勝の増産』（昭17）、『航空機増産の方途』（昭19）、『農工一体の農村工業』（昭22）などがある。

大河内は経済学者であると同時に技術者であり、また国防論者でもあった。経済学者としては、一九世紀後半のイギリスに見られるような「受け身の資本主義」の危険性を警告した。技術者としては、西洋科学の輸入に頼らず創造的能力を育てるべきだと同僚の実業家に主張した。国防論者としては、自給自足の必要、軍需産業への科学応用、そして増産のための工法改良を提案した。

彼の着想は、その基調は異なるものの、新製品の開発や生産コストの削減、あるいは長期的視野に基づく思考など、幸之助と似たところがある。しかし、彼の主張はすべて科学にかかわっており、「最先端の科学を工業に応用することは、改革と発明を通じて、恒常的な進歩を保証するだろう」と述べている。

幸之助も強く科学を信じていたので、日本国際賞を創設した。この賞は、一九九七年現在では、技術的業績に対する世界で二番目に大きな賞である。しかし、彼の著作のなかでは、明らかに物理や化学は人間の諸問題に対する最も重要な解答にはならないと考えられている。彼の経営は科学的経営ではない。彼の哲学は科学中心の哲学ではない。幸之助の世界にあっては、幸福と平和は客観的な科学の神によってもたらされる繁栄からはやってこない。平和《P》と幸福《H》と繁栄《P》は、社会の最も扱いにくい諸問題に全力でぶつかっていく勇気を持ち、人道的な価値観を備えた偏見のない心の持ち主によってもたらされるのである。

大河内は最も強力な方程式ないしは公式を求めたように思える。一方、幸之助は、最も啓示的な詩的なものを待ち望んでいたと言っても、あながち誇張ではない。

◉ 幸之助の慈善活動

彼の慈善活動は、その著作で提案されたことやPHPの哲学に合致した活動に資金を提供するものだが、そこに彼自身の人生経験の痕跡が見て取れる。その多くが子供とその教育を目的としたもので、一九六三年（昭38）、神戸のカナディアン・アカデミーのために体育館の建設費用を寄付したのがその始まりである。一九六四年（昭39）には、子供の交通安全対策として横断歩道橋の建設資金を提供した。一九六八年（昭43）には、青少年の交通事故防止のために寄付をしており、一九七三年（昭48）の社会福祉に関する寄付の一部は、子供のためにと用途が指定された。

一九七五年（昭50）にはマサチューセッツ工科大学、一九七七年（昭52）には新潟県の国際大学設立にそれぞれ資金を提供し、一九七八年（昭53）にはペルーの日本人学校建設資金を寄贈した。一九七九年（昭54）には大学院レベルの私的教育機関、松下政経塾を設立。一九八一年（昭

56）にはハーバード・ビジネススクールに一〇〇万ドルを寄付し、一九八四年（昭59）にはアメリカに松下財団を、イギリスには技術者養成パナソニック教育基金を設立した。一九八五年（昭60）にはスタンフォード大学に一〇〇万ドルの寄付金を提供している。幸之助は、若い頃の悲劇的体験によって子供の苦境に敏感で、また一九四〇年代の悲劇のせいで日本と諸外国との関係にも関心が向かった。最後の二つの寄付にはそういう傾向が反映している。

死の一年前には、松下国際財団を設立するために松下電器の株式一〇〇〇万株と三〇億円を寄贈した。この機関の趣旨は「日本と諸外国との相互理解を促進し、相互理解を促進しうる人材を教育するため」となっている。この年にはさらに、二年後に開催される大阪の「国際花と緑の博覧会」のために六〇億円を寄付している。

彼の最大の慈善事業は、日本国際賞だった。一九八三年（昭58）に創設されたこの賞は「人類のさらなる繁栄の達成に貢献する研究をなし遂げたあらゆる国籍の科学者を称える」ためのものである。人類に直接恩恵をもたらす応用科学研究を対象にしたこの賞は、五〇万ドルの賞金が贈られる（ちなみにノーベル賞は一九九七年現在約九〇万ドルである）。

日本国際賞は、幸之助そのものである。その視野は広く、その目的は理想主義的である。少なくとも今後一世紀の間は、多大な影響力を持ち続けるであろう。しかも、あくまでも国の名を冠した賞であり、贈呈者の名前はそこにない。

大規模な寄付金の世界的基準ははっきりしている。ノーベル賞があり、フォード財団があり、ロックフェラー財団があり、ゲティ美術館がある。それぞれが途方もなく気前の良い寄贈で設立された機関であるが、今、我々はそれに日本国際賞を加えることができる。

彼の慈善活動は年齢とともに規模を拡大した。一九六三年（昭38）から六七年（昭42）までは三六万ドルだった。次の五年間では一三九〇万ドルに増えた。七三年（昭48）から七七年（昭52）までは二一〇〇万ドルを超えた。次の一〇年では七八〇〇万ドルにまで膨れ上がった。八八年（昭63）と八九年の総額は二億七六〇〇万ドルに達した。

彼がさらに一〇年長生きしていれば、寄付はまだ続けられていただろう。彼の暮らしぶりは贅沢ではなかった。むめのとの間には一人の子供と三人の孫がいるだけだ。彼の個人史に照らしてみると、巨万の富を自分の子孫に遺すという考えは、複雑な感情をもたらしたにちがいない。

これらすべての寄付には、ある方向性が見て取れる。彼は社会的に有益な仕事を奨励するために資金を提供したのであって、人々をあらゆる労苦から救おうとしたのではなかった。貧しく弱い人を守るための施しもたしかに高貴なことだ。しかし、たとえそこに辛苦があっても、人々を成長させるために金を使うことを彼は選んだ。

◉ 教育者としての慈悲と厳格さ

幸之助が自分の人生から引き出した教訓は、人間の成長に通じるものである。たとえ極貧にあっても、たえず自分を鍛えようという意志があるかぎり、多くのことを成し遂げることができる。逆境を脅威と考えるのではなく、学ぶための機会と見なす。辛苦と失敗を通じて、人はより強く生まれ変わることができる。成功によって驕り、挑戦しなくなれば、個人の成長は止まる。自分の行動を謙虚に誠実に見極めようとする意志こそが、成長の根本である。

晩年の二〇年における幸之助はさまざまな活動を行ったが、そのほとんどは他人が学ぶのを助けることに向けられていた。彼は教育するために書いた。教育的な使命を支援するために寄付をした。そして毎日のように、自分と関係のあるすべての人に対して継続的な指導を続けていた。

一九七〇年代後半から八〇年代になっても、彼は会社とかかわりを持っていた。その一方で、ＰＨＰ活動や著述、慈善活動、松下政経塾にも多くの時間を割いていた。一連の活動が、長年にわたって自分が学んできた教訓を次世代に伝える教育的な性格を持っていた。

たとえば一九七九年（昭54）、経営幹部が松下電器のコーヒーメーカーと競合製品を幸之助に見せた時のことだ。彼らは役員とエンジニアの質疑応答の典型的な回答を事前に用意していた。この装置には何リットルの水がいれられるか。コーヒーをいれるのに何分かかるか。消費電力量はどれくらいか。卸売と小売価格はいくらか等々。しかし、幸之助はそのような質問はいっさいしなかった。その代わり、取っ手のデザインが何種類かあることに気づくと、「どの取っ手がいいと思うかね」と尋ねた。そして、各社の製品を手にして、コーヒーを注ぎ始めた。大量に注いでみたり、少しだけ注いでみたり、あるいは急いで注いだり、ゆっくり注いだりした。「客がこの製品を使う時には、こんなふうに使うわけだ」と言うと、彼は経営幹部を見つめた。そして、コーヒーポットを差し出し、「さあ、君もやってみるかね」と言った。

概して彼は親切な教師の役割を演じた。しかし、かなりの権限を与えられた経営幹部が基本的な教えを何一つしっかり実行できない時、幸之助は無慈悲なほど厳しい態度を取ることがあった。若い時から蓄えられた怒りのエネルギーが稲妻のようにほとばしることもあった。

モトローラから買収した、アメリカのクウェーザー・テレビの経営幹部を務めたロバート・クラフトはこんなエピソードを伝えている。

「ある時、複雑な要因が重なって、テレビ製造部門の運営に赤字が出たことを報告しなければならないことがあった。幸之助は入院していたので、会合は臨時の執務室に仕立てられた広い病室で行われた。部屋に入ると、彼は大きなデスクの前に座り、分厚い部屋着を着込んで、山のような資料に目を通しているところだった。痩せてひ弱な体つきではあるが、機敏そうに見えた。私の報告書にすばやく目を通したとたん、彼の目つきと表情が変わり、顔を曇らせた。そして、怒りが爆発した。『もし、松下のような大会社の一部門でなければ、きみたちはとっくに破産していたはずだ！』と彼は怒鳴った」

あれほどの成功を収め、あれだけの実績をあげ、あれだけの名誉を受けても、怒りが消えることはけっしてなかったのである。

15 理想的指導者の育成

Educating for Leadership

◉ 日本の行政・政治のリーダーを育てる

ハーバード大学ケネディ・スクールには一九三六年（昭11）以来の伝統がある。世界で最も権威のある教育機関と言っても過言ではない大学と連携しているこの大学院は、七五人の傑出した教授陣を擁している。現在、ボストン市街から約八キロ離れたチャールズ川のほとりにあって、ツタに覆われたレンガ造りの魅力的な建物にある。

一九七九年（昭54）に創設された松下政経塾は、東京の南西約五〇キロに位置する神奈川県茅ヶ崎市にある。ノルマン様式の門、ムーア様式の美しい塔、クリーム色の漆喰壁で囲まれた学生寮など、建物は和洋折衷様式で国際色が豊かである。松下政経塾は大学との関係はなく、専属の教授陣もいない。管理者と非常勤講師と塾生がこの塾を運営している。

記録によれば、ケネディ・スクールは、一万七〇〇〇人の卒業生のうち一七人をアメリカ連邦議会に輩出している。一方、松下政経塾は、一五〇人の卒業生のうち一五人を日本の国会に送り込んでいる（一九九八年現在）。

幸之助が一九七九年（昭54）に初めて役員や政治家を前にしてこの塾の構想を説明した時、その場では謹聴していたものの、あとで大笑いしていた人が少なからずいたという。それから一五年後、笑う者は一人もいなくなった。

彼が政治の世界に足を踏み入れたのは、一九二五年（大14）に大阪市西野田連合区会議員に選出された時だった。当選はしたものの、一九四〇年代に入るまでは行政や政治に対してあまり関心がなかった。だが戦争が始まると、政府関係者との付き合いを深めていった。彼は常々、弱いところではなく、強いところに焦点を当てるべきだと語り、少なくとも人前では特定の個人や集団を非難することはなかった。しかし、彼の著作や講演記録を注意深く読むと、日本の政治家に対する強烈な軽蔑心を抱いていることがわかる。

幸之助には、政治家たちはあまりに短期的にしかものを考えないように思えた。目先の結果ばかりを求めて、簡単に原則を放棄してしまう。重大な問題にぶつかっていこうとしない。その多くが堕落し、ビジョンに欠けている。真のリーダーなど一人も見当たらない。

まず彼は、特定の候補者に資金を出すなり、支援するなりして政治を改革しようとした。この戦略はほとんど功を奏さなかった。その最大の理由は、国会議員を目指す人のなかに、ビジョンを持つリーダーを見つけることができなかったからである。新政党の立ち上げを真剣に考えたこともあるが、このプランに有力者たちの支援を取りつけることができなかった。短期間での改革を目指すのは無理だと悟った彼は、教育による長期的な戦略を採用したのである。

松下政経塾は一九七九年（昭54）、幸之助が八五歳の時に財団法人として設立された。設立にあたっての目標は、二一世紀に向けた行政・政治のリーダーの育成だった。彼が抱いた計画のほとんどがそうであるように、表面的にはこれもまた途方もない計画のように見える。どこの大学とも提携しない小規模な、見るからに奇妙な組織が、新たな公僕を育てることによって、来る世紀のために政治を改革しようというのである。

この塾が公共事業を受注するためのものだと思われないように、設立メンバーには、複数の理事と顧問、一三人の著名な実業家を含む評議員および幹事、七人の非営利団体の代表者、五人の大学教授、一人の前学長、一人の評論家、一人の政治家（神奈川県知事）が選ばれた。東京の現職国会議員、閣僚、高級官僚などはいっさい含まれていない。

この小さな学校には、一つの明確な使命といくつかの原則がある。全体の目標は、今日的に重要な問題を研究し、次世代の政治のリーダーを教育することによって、平和と繁栄に寄与することである。塾生は、次の五つの資質を育てるために選抜され、教育される。第一に、確固たる決断によってどんな障害も克服できるという誠実な信念を持つ。第二に、思想においても行動においても独立心を持つ。第三に、すべての人の経験から学ぼうとする姿勢を持つ。第四に、旧弊な紋切り型の思考にとらわれない。そして第五が、他者と協力・協働できる器量を持つ、である。

松下政経塾では、大学を卒業した者を対象として、本科二年と上級の政治専科三年のプログラムが組まれている。教師が学生に教室で教えるという従来の教育方式は最小限に抑えられ、研究計画の設定、独学と招待講師による講義、仲間の塾生による指導などがこの学校での経験の核となる。

全体的な教育方式は、設立当初も現在も、世界中のいかなる教育制度にも例を見ないものである。とりわけ日本では権威主義的な教師中心の教育制度の下で、機械的な学習に重点が置かれ、ほとんど強迫的なペーパー・テストが主流であるため、松下政経塾の教育方法は因習との劇的な訣別を意味した。

この学校が一九七九年(昭54)に塾生二三人の募集を始めた時、十分な数の志願者が揃わなかったらどうするのだろうと危惧する人もいた。だが、幸之助は心配無用だと言った。たった一人の応募者でもいれば開校すると約束したのである。

松下政経塾の初年度の出願者は九〇四人を数えた。*4

◉ 政経塾の基本構想

松下政経塾の基本構想は、幸之助自身の人生を反省することから築かれた。彼はことあるごとに、刻苦勉励は人格を形成し、意欲を鍛え、誠実な自己評価を身につけるうえで非常に有益だと語っている。だから学校も厳しくあるべきだということになる。塾生たちが贅沢な学生寮にぬくぬくと納まって、任務や構想を受け身で教え込まれるようでは困る。質素な環境で生活し、しっかり勉強し、自分で学ぶ方法を工夫しなければならない。

幸之助はやる気と決断力こそ成功の秘訣だと信じていた。それゆえ松下政経塾への志願者が知的水準だけで選考されることはなく、各自の目標と意欲が重視される。また、二一世紀社会では国際的視野がますます重要となるため、塾生には日本の国外で研修する機会が与えられる。

目標はあくまでも学ぶことであり、教えることにはない。そこには昔ながらの教室での授業はほとんどなく、成長することに力点が置かれる。素直な心と商人的な態度を育てることで、塾生は謙虚な研修に臨むことだろう。だれもが他の人々について学び、その問題に共感する。エリートについてだけでなく平均的な市民について研究しなければならない。リーダーのバネとなる大きな理想を育てるために、すべての塾生は幸之助の人生と哲学を学ぶことになるだろう。

松下政経塾に対する批判は、要するにそれが「松下教」の総本山を意味するのではないかということに尽きる。これは正しいかもしれないし、正しくないかもしれない。ただ一つ言えること

＊５－４
初年度九〇四人中二三人が合格した。合格率は二・五％と低かった。世界中の有名大学のほとんどで、合格率が二〇％を下回ることはまれである。

は、アメリカでも日本でも伝統的な教育制度がますます批判されるようになっている現在、この教育機関が別の可能性――しかも、基本的な面で現状とはまったく異なるモデル――を提供しているということである。

◉ 独創的なカリキュラム

本書の準備を手伝ってくれた松下政経塾の卒塾生の一人、〝ヒロ〟こと小峯弘靖は、通常の五年ではなく、二年課程に在籍しただけだが、その経験は多くの点で典型的なものである。

彼が最初に松下政経塾のことを耳にしたのは高校生の時だった。友人が、幸之助の写真と農場や工場で働いている塾生の写真が載っているパンフレットを見せてくれた。非常勤講師のリストには、大学の内外を問わず、日本の著名人が名を連ねていた。上智大学に通う一方で、小峯は松下政経塾の何人もの塾生と出会い、二、三人の仲間とともに選挙運動の手伝いをした。大学四年になった時、みずから松下政経塾に応募した。

選考過程は三段階だった。まずは願書に必要事項を記し、自分の略歴を書き、政経塾を受験した動機についての短い文章をまとめる。そして塾のスタッフ一人と卒業生一人から面接を受ける。次に一般知識と英語力の試験を受け、第二次面接へと進む。最後にもう一度筆記試験を受けてから、政経塾の理事会メンバー五人と面接する。これらの選考過程を経たうえで、大勢の受験生のなかから小峯と他の一三人が選ばれたのだった。

一九八九年（平元）四月、彼は松下政経塾の厳しい寮へ移った。選考過程の説明だけでは、この塾が通常の大学院とは違うことがわからなかったとしても、手の込んだ入学式の模様を紹介すればきっと納得してもらえるだろう。小峯と他の新入生は、ただちに厳しい授業に入るのではなく、入塾の儀式として、自分の夢と将来の計画を皆の前で発表することを求められたのである。

入塾した最初の月は、幸之助とその哲学について学んだ。幸之助と交流があった人々が、著作や記事などを援用しながら講義をした。五月には、東京大学の助教授が日本経済史を講義した。この間、塾生はすすんで自分なりの勉強計画を立て始める。

最初の実習は六月に始まった。小峯は佐賀県の唐津市に行き、吉田鉄工所で工員として働いた。この活動の目的は、大多数の大衆の生活の実態をもっとよく知り、人々が社会と政治と日本についてどう思っているかを学ぶためだと彼らは教えられた。その後塾に戻ると、小峯はこの実習についてレポートを書き、他の塾生の前で発表した。

夏になると新入生全員は、数週間をかけて、再び東京大学の助教授の指導を受けながら、国際経済について話し合った。その後、八月中旬から一〇月にかけて、今度は日本を出てアジア各地で二回目の実習が行われた。小峯は韓国に行き、浦項《ポハン》製鉄所の管理部門で働いた。まずは研修センターでその会社と韓国について学び、彼自身が近代日本経済史についての講義をした。その後、製鉄所へ戻り、今度は現場作業員として働いた。一〇月末、小峯をはじめとする塾生たちが台湾、シンガポール、タイ、マレーシア、インドネシア、韓国から帰国すると、各自が現地で学び、経験したことを発表した。

一一月には、筑波大学の教授が国内政治と国際政治について講義をした。その後、塾生たちは小班に分かれて個別のテーマを勉強した。小峯のグループは「日本の技術戦略」に焦点を当てた。小峯は日本から他の国への技術移転に着目し、韓国経済をケーススタディとして分析した。

一月は、ほとんどの塾生が松下政経塾卒業生の選挙運動に参加した。小峯は東京の候補者とともに奔走した。二月には京都を訪れ、裏千家の家元から茶道の手ほどきを受けた。この時彼らは三回目の長期の研修の準備を始めていた。小峯は、環境問題についての大がかりな会議を準備していた卒業生の助手をすることにした。一九九〇年（平2）の五月から一二月にかけて、小峯は最終的に二〇〇〇人以上が参加した二日間の会議の運営を手伝った。

三学年、四学年、五学年と在籍する塾生たちは、みな自分で選んだ計画に沿って行動する。多くは自分の政治活動の中心となるような場所を選び、そこに拠点を築き始める。政策研究会を主宰し、有力な人物と会い、組織を作る。なかには政治家の秘書として働く者もいる。全員が月一回、松下政経塾の指導担当者にレポートを書いて送る。

卒業後も、ほとんどが政経塾との緊密な関係を続けている。塾生のための研修プロジェクトを立てたり、選挙運動には互いに協力したりする。そして彼らは――少なくとも何人かは――日本の政治を変革することを望んでいる。

◉〝時代のパイオニア〟たれ

一九八二年（昭57）、ある見学者が三人の塾生にこう尋ねた。「この学校のカリキュラムで一番難しい点は何でしょうか」。

東京大学を卒業した岡田邦彦はこう答えた。「自分に見合った計画を立てて、それに沿って勉強をすることです。何をして、何を成し遂げるかを決める責任は自分にあるのです。特別な指示が与えられるならば、そのほうが楽でしょうが、それが適切だとは思いません」。

同じく東京大学を卒業した下山純代は、「この先、自分の進む道を説明するのは難しいと思います。というのも、将来の日本社会が女性のリーダーを受け入れるかどうかを考えてみなければならないからです。私は二年生ですが、時々特定の分野を専攻したほうがいいのではないかと思うことがあります。何が最善の選択かを決めかねています。それは、試行錯誤の結果わかるのでしょうが、本当に難しい問題です」と答えた。

慶應義塾大学を卒業した横尾俊彦はこう答えた。「政経塾の塾生にとって問題なのは、自分で物事を選択しなければならないということです。岡田君も言っているように、カリキュラムも論文のテーマも自分で決めなければなりません。最善のカリキュラムを立てるためには、社会のあらゆることを知らなければなりません。でもそんなことは不可能です。それでぼくらは多くの人に会い、その人たちの言うことや知恵をかき集めようとしますが、それでも難しい。そのようなカリキュラムができたとしても、高い目標を保ち続けることは、やはりとても大変です。塾生、特に第一期生の人たちのなかには、自分たちを〝時代のパイオニア〟と言う人もいます。この塾は、実験を志す人たちから成り立っているのです。ある意味、〝社会のパイオニア〟なのです」。

◉ 変動期に強い幸之助の哲学

松下政経塾はその使命を果たしているのだろうか。その判断は難しい。それはＰＨＰ研究所についても松下電器そのものについても言えることである。

これら三つの事業の長期的な潜在能力について、楽観視できない理由はそれなりにある。松下政経塾は、規模が小さく、権威ある教育機関と何の提携もしていない。それゆえ望むような影響力を持つために悪戦苦闘している。だがそのことが、逆に質の高い志願者を惹きつけることにもつながるだろう。

幸之助亡き今、ＰＨＰ研究所は彼の声を伝えるためだけに存在する出版社という存在以上に成長しなくてはならないが、これは容易なことではない。この研究所が幸之助の単なる宣伝機関になるならば、その有用性は限られるだろう。また松下電器は、今日の他の大企業同様、多くの問題に直面している。かつて無敵を誇ったＧＭを見ても、それがいかに解決困難な問題であるかがわかるだろう。

幸之助のこれらの事業の将来を決定する要因は数多く挙げられるだろうが、そのうちの一つは、幸之助が実に賢明に自分の信念を制度化し、常に情勢の変化に組織を適合させてきたことと関係している――松下政経塾にしろ、PHP研究所にしろ、松下電器にしろ、その文化はなおも、素直な心、謙虚な態度、顧客志向、不断の改革への願いに重きを置いているか。また、高い生産性、社会を志向する使命、衆知を重んじているか。それぞれの組織の重要な担い手たちは人間の潜在能力を信じ、社会を改良していくリーダーを輩出する責任があるということを信じているか。あるいは、彼らは幸之助を見習うべき人というよりも、崇め奉るべき現人神《あらひとがみ》だと思ってはいないか。それどころか今や、彼を現代的意味合いの薄れた歴史的遺物と見なしてはいないか。

現時点では、これらの疑問に対する答えを明示することはとてもできない。松下電器に批判的な人は、幸之助のような事業を築き上げる姿勢は社内には見出しがたいと言っている。むしろ、ワトソン父子以後のIBMのように、アルフレッド・P・スローン亡き後のGMのように、内向きの視点と官僚制が強く感じられるという。[*5]

＊5-5
こういう傾向は、アメリカの映画制作会社MCAを買収しておきながら売却するといった問題を引き起こしていると批判者は指摘する。これに対して松下電器擁護派は、ライバルのソニーも同じような失敗を犯しているし、松下電器は再び会社を刷新する努力をしていると指摘する。

社会の観点から見れば、さらに大きな問題がある。幸之助の物語は、将来他の組織にとって意味があるか、役に立つかという問題である。たしかに彼の事業の方法には、日本と、彼が生きた時代に固有の歴史的状況と密接に関連した部分がある。しかし、加速度的に変化を遂げる現代にあっては、適応と成長の能力が、個人にとってもグループにとっても組織にとっても国家にとっても、あらゆる進歩の根幹をなす。そして、この能力こそが、幸之助の物語の中核をなしているのである。

「私は生前に彼をインタビューした最後のジャーナリストの一人なんですよ」と下村満子は語ってくれた。「その時も、日本や世界についての彼の情熱、エネルギー、憂慮は衰えを知りませんでした。好奇心はあいかわらず旺盛でした。のんきに構えていることなどけっしてなく、たえず何かを考え、何か新しいことをしようとしていました。さまざまな会合に出かけ、さまざまなテーマについての本を書いていた。頭のなかにはいつもアイデアが詰まっていたのですね。彼は新たに物事を始め、人の話を聞きたがったのです。その意味で、とても老人とは思えませんでした」。

肉体的には、幸之助は老齢になればだれでも経験する多くの問題に悩まされていた。一九七八年（昭53）には声帯がつぶれ始め、ちょうどその頃、おそらく以前患った結核性の肺の病気がぶり返した。にもかかわらず、前半生に何度も入院を繰り返した人とは思えないほど、潑剌《はつらつ》としていた。彼は、肉体を蝕む病気を克服していただけでなく、良い仕事をすることによって、治癒効果のあるオーラのようなものを発散させていたのかもしれない。

晩年、彼は主治医に、自分はもっと長生きできるような気がすると語った。医師の横尾定美《さだよし》は、一〇〇歳過ぎまで生きる人はそんなにいませんよと丁重に返事をした。横尾によれば、その時、幸之助はこう答えたという。「でも先生、私は今でもたくさんの仕事を引き受け、大事なことを成し遂げようとしているのですよ。もしだれかにあと三年か五年、いやせいぜい一〇年くらいしか生きられませんよと言われたら、大きなことに挑戦できますか？　まだ三〇年や四〇年は生きられると思えば、大きな仕事をする時間は十分あると思えるじゃありませんか」。

天皇裕仁は幸之助より七歳若かった。一九八九年（昭64）一月七日、二〇世紀というほぼ一世紀にわたって日本に君臨した人物がその生涯を閉じた。それから三カ月後の四月五日、幸之助の九四歳の肉体は高熱に見舞われた。七日、医師団は容態が危険であることを家族に伝えた。約三週間、彼は病院で手当てを受けた。何度か意識が混濁しては回復した。

四月二七日、容態はさらに悪化し、家族一五人が午前八時頃病院に駆けつけた。八時半、看護婦が水を差し出すと、幸之助はそれを受け取った。「もっとお飲みになりますか」と看護婦は尋ねたが、彼は頭を横に振った。

一九八九年（平元）四月二七日、午前一〇時、松下幸之助は静かに息を引き取った。

エピローグ——松下幸之助から何を学ぶか

◉日本が生んだ偉大なリーダー

私は序章で二つの問題提起をした。最初の問題は松下幸之助の数多くの業績に関するものだ。いかにして彼は巨大企業を創り、戦後日本経済の奇跡を後押しし、巨万の富を築き、何百万もの人々からの尊敬をかちえたのか。彼が下した特別の決断なり、彼が採用した特別の方針なりが果たした役割は何か。その幼年期、個性、力量など、さまざまな要因はどのように彼の人生に作用したのか。

この傑出した実業家が日本人であるということは、日本という小さな島国について重大な事実を物語っている。ある意味で幸之助は、二〇世紀に生まれたスケールの大きい物語の一つの極端な例にすぎないのかもしれない。しかし、日本という文脈《コンテクスト》からは、なぜ幸之助の残した物語のスケールが、少数の日本人のそれを除いて、桁外れに大きいのかという疑問を説明することはできない。幸之助の群を抜いた業績を理解するためには、国民的な精神風土を超えて、彼の人生の特殊な細部を検討する必要がある。彼が経験したことについて、望みどおり十全に知ることはできないかもしれないが、本書で語ってきたように、幸之助の物語には、その多くの業績と密接に関係した無数の要素が顕著である。

起業して間もなくの成功は、彼の小さな会社の競争相手とは一線を画するような事業戦略と営業手法に直接由来するものだった。強い顧客志向、生産性とコスト削減に対する執着、リスクに挑戦して他社が発明した製品を改良しようとする意志、画期的なマーケティング、迅速な製品開発、アフターサービス、絶えざる改革への意欲、従業員に対する信頼、専売の販売流通制度、事業対象の限定など、すべての要因がこの会社を規模の面でも収益の面でも急速に成長させた。多くの日本企業が大量生産や大量販売の威力を知るより数十年も先んじて、幸之助はその道に先鞭をつけたのである。基本的な技術革新は他社に任せて、生産と販売の分野で大胆な戦略を展開することにより、いくつかの製品分野を支配できることに世界のどの企業が気づくよりも先に、松下電器はその模範を示した。トム・ピーターズとロバート・ウォータマンが一九八二年（昭57）に発表した『エクセレント・カンパニー』で書いた営業方法を、幸之助は優に六〇年も前に発見し、使っていたのである。

彼は、多くの優れた企業家の例に漏れず、資本力に恵まれた大手企業と競争しうるだけの方法を持ち、消費者にアピールする品質が良くて安い商品の流れを作り出す戦略を持っていた。こういうビジネス手法にはリスクに挑む覚悟が必要だが、幸之助は盛田昭夫とソニーとは異なり、新製品の発明や基礎的な研究開発は他人に任せ、自分は生産とマーケティングとアフターサービスの分野で新機軸を求めた。この手法は、客にとってのリスクを軽減する。このような方法の価値は、一九二九年（昭４）から三一年にかけて景気が後退した時に顕著に現れた。新事業を起こしたくても、資金繰りが難しい時代だった。官僚的かつ慎重な、内向きの競合他社は生き延びるのに悪戦苦闘していた。経済情勢がこれほど悪い時代にあっても、幸之助の会社は着実に規模を拡大し続けていた。

一九三〇年代初頭に松下電器の従業員数が一〇〇〇人を超えても、彼の成功は続いた。組織とともに幸之助も成長していたからである。彼は賢明な企業家であるに留まらず、理想主義者として、力強いビジョンを打ち立てた。従業員に経営理念を理解させ、それを信じるに足るものにするためたゆまず働いた。事業部制を導入し、財務情報をある程度共有させることによって従業員に活力を与えた。幸之助は、従業員が奇跡に近いことを成し遂げてくれることを期待していた。そして、従業員たちは彼の期待に応えて、次第に力をつけていった。教育をあまり受けていない人々が発明家になり、主任になり、経営スタッフとなり、企業家に育っていったのである。幸之助にとっての最後の試練は、おぞましい第二次大戦が終了し、会社もろとも悲惨な状況に陥ったにもかかわらず、従業員を叱咤激励して会社再建に立ち上がった時だった。

一九五〇年代に従業員数が一万人を超え、会社がなお成長し続けたのは、順応性の高い企業文化を育てたからだった。第二次大戦後は、消費者と生産性、スピード、チームワーク、権限委譲を重視する姿勢に加えて、事業の世界展開ときわめて大胆な五カ年計画にも重点を置いた。国際化を伴う壮大な計画によって、従業員はたえずより優れた方法を求め、みずから成長することを余儀なくされた。こういう流れを強化し、会社が成功することで傲慢で硬直した雰囲気を生み出さないように牽制しながら、謙虚な心と素直な心による不断の改革を根気強く説いた。

会社の業務から身を引いた後も、幸之助は休息したり莫大な蓄財を享受することはなかった。通常の事業の範囲から大きくかけ離れた新たな挑戦に乗り出したのだ。彼は著述家になり、慈善事業家になり、教育者になり、ある種の哲学者になった。公人としての最後の成功は、彼の人生を振り返り、人間の本質を考察し、その観察に基づいて行動したことと直接結びついている。

商人の丁稚からビジネス・リーダー、大企業の創業者、教育者、哲学者へと変貌する彼の人生を通して一貫して流れている最大のテーマは、人間として、実業家として、リーダーとして成長することにつながっている。若き幸之助には高い学歴もなく、資産もカリスマ性も人脈もなかった。三〇年にわたって幸之助と手を携えて働いた井植歳男は現に、若い時の幸之助には特別才能があったわけではなかったと語っている。スタートは地味だったが、彼は成長に成長を重ねた。裕福になることがえてして傲慢さと冷淡さにつながる世界にあって、彼は珍しく人を堕落させる力に冒されなかった。

人生の早い時期にはそれほどぱっとしなかった人物が、八五歳になって、教育という新たな仕事に手を染めた。それは、彼がたえず学び続け、時代に応じて自己を変革し、晩年になってその絶頂を迎えたからであり、その勢いは死の数年前にようやく衰えを見せたにすぎなかった。結論を言えば、彼があれほどの業績を挙げられた最大の理由は、大きな成功とよく結びつけられる、知能指数やカリスマ性、特権、幸運その他諸々の要因にあるのではなく、まさに、その成長にあったのだ。

もし幸之助が自転車店に留まっていたら、今日彼は無名のままだっただろう。もし企業家として成功した後に成長をやめていたら、彼の業績のリストは一〇分の一の長さになっていただろう。第二次大戦後に事業を断念していたら、巨大企業も松下政経塾もＰＨＰ研究所も日本国際賞も存在していなかっただろう。

◉ 野心と信念

彼の成長を促進させた行動の数々は単純だが、やはり力強いものだった。何度も何度も彼は、自分自身と他の人々を安楽な習慣的業務から追い立て、リスクを取り、率直に成功と失敗を反省して、他人の意見に耳を傾け、素直な心で人生を見つめ、衆知から何かを引き出そうとした。結果として、彼とその会社は、当初の資本金は微々たるもので、ユニークな新製品開発があったわけでもないのに、凄まじい勢いで強大になっていった。一九五〇年代後半に大きな成功を収めた後でさえ、驕ったり、新しいアイデアに目を向けなかったり、リスクへの挑戦を避けたりすることもなく、幸之助はたえず成長する姿勢を保持したまま、彼自身も松下電器も新たな高みを目指し続けた。

幸之助のこういう習性を促進した要素のうち、その野心と信念ほど重要なものはないように見える。家族の名誉を回復するという漠然とした望みから始まった彼の目標は、年々大きくなり、ついには壮大な規模に膨れ上がり、高邁な人道的理想にまで高まった。家族の富を取り戻すという目標が企業家として成功を収めることにつながり、やがてそれは会社を拡大し、そのことを通じて国を繁栄させ、さらには豊かで平和な世界を建設するという目標へと発展していった。自己中心的かつ個人的経済目標が次第に社会に向かい、大きな展望を開いていった。この壮大な理想と、大いに刺激された上昇志向が彼を急《せ》き立て、現在の業績に甘んじることなく、絶えざる成長に伴う痛みを引き受けさせ、彼の原則に適ったリーダーシップの基盤を用意したのである。

その信念もまた、同じように作用した。若き日の楽観主義は抑鬱に対する防御手段だったかもしれない——たしかに人生は苦しいが、今にきっと良くなるはずだ。彼が成長するにつれて、理想主義的哲学もまた試練を受け洗練されるたびに深化し、個性を備えていった。こうして形成された哲学は、今度はリスクへの挑戦、寛容さ、傾聴、謙虚さなどが、すべて理に適った行動だと言っている。

これらの信念や向上心が生まれるには、明らかに彼の家庭環境が大きく作用している。彼は多くの人から影響を受けたが、両親ほど彼に大きな影響を与えた存在はない。打ちひしがれた夫婦は自分たちの夢と希望のすべてをたった一人生き残った息子に託した。幸之助が抱いた野心と信念は、自分自身と、彼が遭遇したさまざまなチャンスと、そして何よりも一連の悲劇によって形成され、鍛えられていった。

わずか四歳で貧困のどん底に突き落とされ、九歳で働き始め、三〇歳になるまでに家族全員を失った。やがて生まれたばかりの息子と死別し、そして大恐慌、第二次世界大戦がたたみかけるように幸之助の身に降りかかってきた。これら悲劇的事件は途方もない辛苦を強いたが、同時に両親や兄姉たち、雇い主、妻、愛人、その他の人々に支えられながら、これらの事件を通じて、自己検証と探究心の意識が高まり、それが彼の目標と戦略と哲学に影響を与えた。艱難《かんなん》辛苦は自分を見つめ直し、学ぶ姿勢を促した。逆境は不安を高め、常に危機感を抱かせ、自己満足を遠ざけた。悲劇続きの人生は、自分は失敗を越えて生き残れる、だからリスクに挑むことができると彼に教えた。この一連の経験が途方もなく大きく複雑な感情——苦痛、怒り、恥、屈辱など——を呼び起こし、それが強力なエネルギーの源となった。

単純な図式で実人生の複雑さをとらえることはできないが、次ページに、幸之助の悲劇と信念と成長と業績の関係を図式化してみた。要するに、この人物の尋常ならざる業績を理解するためには、生涯にわたる驚異的な成長とそれを支えた精神力、その支えとなった理想とその源になった一連の苦難を検討する必要がある。これら驚くべき出来事の流れのなかで、これだけ悲劇に遭遇すれば、往々にして人は破滅してしまうか、社会に適応できない人生を歩むかのどちらかだが、幸之助の場合、かえってそれが偉業を成し遂げる源泉となったのである。

一連の悲劇がもたらしたもの

両親はすべての希望を彼に託した。
現状に甘んじることなく、より良いものを求めよと教えた。
いかなる困難にあっても自分は生き残れることを証明した。
力強い夢を呼び起こした。

↓

目標と信念の進化

人間の本質と潜在能力に関して楽天的だった。
目標は遠大に、信念は人道的になった。
経済的な成功は大したことではないと考えるようになった。

↓

成長を推し進めた行動

安楽な場所から離脱する。
リスクに挑戦する。
経験を謙虚に反省する。
素直な心で物事を見る。
他人の意見を真摯に聞く。
衆知（集団の知恵）を尊重する。

↓

個人として指導者としての生涯にわたる成長過程

丁稚として出発
企業家へ
ビジネス・リーダーへ
大企業のトップへ
哲学者・教育者へ

↓

松下幸之助の驚嘆すべき業績の成立

図で示した因果関係の流れを見ると、いかにも幸之助の人生が特異であるかのように思われるかもしれないが、実はそうではない。ここには、程度の差こそあれ、他のケースにも容易に当てはまるフレームワークが見て取れる。本書の草稿に目を通したアメリカ、ヨーロッパ、アジアの成功した実業家は異口同音に、「まるで自分自身を見ているようだ」と語っている。幸之助と同じような方法で他者が成長していくことで、彼の考えが広い範囲に適用できることをみずから証明しているのである。壮大なビジョンを掲げ、成長を促す精神鍛錬によって、彼は何百人もの人々を勇気づけ、発明家に、経営者に、企業家に、リーダーに育て上げた。端的に言えば、幸之助本人ではなくこれらの人々こそ、この小さな松下電器という会社を二〇世紀の驚異へと変貌させたのである。

◉ 成長に終わりはない

序章に挙げた第二の問題提起は、幸之助の経験は事業経営とリーダーシップについて何を物語っているのかというものだった。彼が生きた日本とその特殊な時代を超えた一般化がはたして可能だろうか。二一世紀を考え、無数の経済的・産業的挑戦を考えるにつけ、潜在的な重要度のあるこの物語から、何を学ぶことができるだろうか。

これから先数十年の情勢が心配ないというのであれば、幸之助が経験したことの大半は今日性がないと言えるかもしれない。しかし、経済のグローバル化が今後も進み、数千の企業、数十億の人々はさらに大きな競争と変化にさらされることになるだろう。このような状況のなかでは、もっと良好だった時代の例を一般化しても教訓が得られるかどうかは疑わしいが、苦難に満ちた幸之助の物語からは新たな意味が汲み取れるだろう。

彼の人生はこう語っているように思える。二〇世紀半ばに典型的だった企業については忘れてしまえ。中央集権的でいくつもの階層がある企業、官僚的で内向きで、コストが高く反応時間が遅い組織にはもう意味がない。こんな会社はもはや有益なロール・モデルではない。それは、国際化にはほど遠く、売り手寡占市場で、変化のスピードが遅かった時代に花開いた組織だ。これから先の数十年、ますます経済競争が激しくなる時代に勝利する企業は、一九四〇年代を除く一九二〇年代から六〇年代にかけての松下電器にますます似てくるかもしれない。消費者は王様になるだろう。生産性はたえず向上していくだろう。従業員たちは自分たちに権限が与えられていると感じて、企業の目標を達成するために深く関与するようになるだろう。何よりもスピードが要求されるだろう。基準は一段と高いところに設けられるだろう。

そして、二〇世紀半ばには典型的だった経営陣も忘れることだ。彼らは組織に適応しようとしているだけで、影響力を持たず、往々にして上司の御機嫌をうかがうしか能のない連中だった。競争が激しく、変化の速い環境のなかにあっては、優れた経営陣は進取の気象に富み、卓越した指導力を発揮し、常に企業家としての資質を磨かなければならない。幸之助のように、消費者とコストをさらに重視し、楽観的で倫理的な目標を抱き、そのビジョンを多くの人と分かち合い、最高のレベルで仕事をするように部下を仕向けていく必要が出てくるだろう。

そしてまた、成功とはとんとん拍子の右肩上がりだなどという単純な考えはやめたまえ。幸之助の経済的繁栄は、一八九九年（明32）と一九四六年（昭21）の二度、打撃を受けている。彼の健康も精神状態も、あるいは個人的幸福もたびたび浮沈を繰り返している。不安定な二一世紀では、こういうパターンがごく一般的になるかもしれない。

何よりもまた、二〇世紀半ばにおける学習と職業と成長のモデルを忘れなければならない。現在の傾向が続けば、これから先数十年の成功譚は、五歳から二五歳まで学業を修め、その学歴を四〇年後の退職まで利用するような人に関する物語ではなくなるだろう。勝利を収める人は、生涯を通じて成長しようとする意欲と能力のある人だろう。

幸之助自身もそう考えていたようだが、もし彼の人生からたった一つ将来に向けて引き出せる教訓があるとすれば、それは、歳をとれば大きな成長はできなくなるなどと考えてはいけないということである。たしかに多くの人々は、老いるにつれて新しい考えを受け入れなくなる。成功は往々にして傲慢と自己満足を生む。失敗は往々にしてリスクに挑む気持ちを萎えさせる。しかし、こういう傾向は人間にありがちなことと決まっていることではない。

彼のお気に入りの詩はそれを余すところなく語っている。

青春とは人生のある期間ではなく、心の持ち方を言う。薔薇の面差し、紅の唇、しなやかな肢体ではなく、たくましい意志、ゆたかな想像力、炎える情熱をさす。青春とは人生の深い泉の清新さをいう。

青春とは怯懦《きょうだ》を退ける勇気、安易を振り捨てる冒険心を意味する。ときには、二〇歳の青年よりも六〇歳の人に青春がある。年を重ねただけで人は老いない。理想を失うとき初めて老いる。

歳月は皮膚にしわを増すが、熱情を失えば心はしぼむ。苦悩・恐怖・失望により気力は地に這い、精神は芥になる。

六〇歳であろうと一六歳であろうと人の胸には、驚異に魅かれる心、おさな児のような未知への探求心、人生への興味の歓喜がある。君にも吾にも見えざる駅逓が心にある。人から神から美・希望・喜悦・勇気・力の霊感を受ける限り君は若い。

霊感が絶え、精神が皮肉の雪におおわれ、悲歎の氷にとざされるとき、二〇歳であろうと人は老いる。頭《こうべ》を高く上げ希望の波をとらえる限り、八〇歳であろうと人は青春にして已む。

美と希望と激励と勇気についてのこの思いは、民族紛争が熾烈を極め、貧富の格差が広がり、冷たい科学的合理主義がはびこる世界にあっては、はなはだ疑わしいものと見なされることが多い。しかし、これまで述べてきたように、幸之助の人生ではこれらの理想が非常に大きな役割を果たしており、それが彼の強力なリーダーシップと類まれな業績に直接結びついていた。とりわけ悲しみや怒りのような御しがたい感情に方向性を与えた。そのため彼はいつまでも青年のように考え、変化を受け入れ、貪欲に学び続けたのである。

幸之助の精神が、どの程度日本人ないしは東洋人独特のものであるかは不明である。本書におけるいくつかのエピソードが、アメリカやヨーロッパのものとは違うことだけは確かなことだが、幸之助のアイデアは、アメリカにおいてもクウェーザー・テレビの惨憺たる経営を立て直すことに役立ったのである。松下電器の製品は世界のどの国でも人気がある。彼の経営手法は、欧米の日本学者の目にとまり、多くの国で企業経営に役立っている。

彼の外見は、典型的なアジア人だった。しかし、興味深いことに、彼の愛した詩を書いたのは、その生涯の大半をアラバマ州のバーミンガムで暮らしたヨーロッパ生まれのユダヤ人なのだ。幸之助の基本思想は、生涯にわたって学び続ける根本的原因に関するものである。

彼ならこのように言うだろう。

家柄が良いとか、東京大学出身（あるいはハーバードでもオックスフォードでもいい）であることはすばらしいことだが、それはなんら本質的なことではない。これと同じことは、抜群の知性、優れた容姿、豊かな個性についても当てはまる。この種の要素よりも重要なことは、信念と、それを支える理想なのだ。

彼は繰り返し人々に説いた。謙虚で素直な心があれば、人はどんな経験からも、どんな年齢でも学べると。人道的な大きな理想を抱けば、成功も失敗も克服し、そのどちらからも学び、成長し続けることができると。

彼の驚異すべき業績は、これらの主張の力強い証明にほかならない。

幸之助の物語が教えるもの

変化する環境にあっては、生涯にわたって学び続ける姿勢が、知能指数や家庭環境やカリスマ性や学歴よりも、偉大な成功や抜群の業績につながる。

生涯にわたって学び続ける姿勢は、謙虚さ、素直な心、リスクに挑む意志、人の意見を傾聴する能力、そして誠実な自省と深く結びついている。

大きな理想主義的・人道主義的な目標と信念は事業での成功と矛盾するものではない。少なくとも急速に変化する状況にあっては、その目標と信念が成長を促す支えとなり、それによって業績を挙げることもありうる。

逆境は職業や人生を打ちのめすばかりではない。それなりの条件が整えば、苦難の時期は大きな理想と絶えざる成長を育み、偉大な業績達成に結びつくことがある。

■参考資料について

松下幸之助と松下電器について書かれた資料は非常に多い。そのほとんどは日本語で書かれ、松下電器産業（大阪）、ＰＨＰ研究所（京都）、松下政経塾（茅ヶ崎市）の資料室にある。これらの資料を大いに活用するだけでなく、筆者は調査助手とともに日本で七〇名の関係者にインタビューを行った。これらのインタビューは書かれた記録の裏づけを取るためと、さらにエピソードを集め、この人物とこの会社についての意見を収集することを目的に行われた。

松下幸之助の英文自伝*Quest for Prosperity*は、同種の著作よりも歴史的記録の色合いが濃く、またインタビューに応じてくれた人々が一様に、それが基本的に正しいと証言してくれたので、通常この種の仕事をする際には慎重に扱わなければならない資料であるにもかかわらず、もっぱらこの自伝の記述を頼りに執筆を進めた（なお本書では、幸之助の発言に限り、自伝から引用した箇所の末尾に星印★を記した）。この自伝は、幸之助が晩年になってから記憶をもとに書いたものではなく、一九三四年（昭９）から一九七六年（昭51）の間に書かれた記録を編集したものである。その半分以上は一九三〇年代後半から一九四〇年代初めに松下電器の社内報に発表された。残りのほとんどは一九五六年（昭31）と一九七六年（昭51）に『日本経済新聞』に掲載された連載記事に基づいている。

本書の草稿は松下電器産業、ＰＨＰ研究所、松下政経塾、ならびに個々の情報提供者に送られ、事実のチェックや表現や主張についての批評を仰いだ。

監訳者あとがき

コッターの著作はすでに何冊も日本語で出版され、代表作には、『リーダーシップ論』(ダイヤモンド社)、『ザ・ゼネラル・マネジャー』(ダイヤモンド社)、『パワーと影響力』(ダイヤモンド社)、『組織革新の理論』(白桃書房)、『変革するリーダーシップ』(ダイヤモンド社)、『企業文化が高業績を生む』(ダイヤモンド社)、『企業変革力』(日経BP社)などがある。

*Matsushita Leadership*は、通常の伝記作者による伝記ではない、ほかならぬリーダーシップ論の碩学が、唯一執筆した経営者の分析的伝記である。邦訳は一九九八年に飛鳥新社から出版されたが(『限りなき魂の成長――人間・松下幸之助の研究』高橋啓訳)、近年入手不可能になっていた。原書の価値を考えると、かねがねもっと広く読まれてほしいと新版を待ち望んでいたところ、コッターのベストセラーの邦訳を出版しているダイヤモンド社から新訳を施して『幸之助論』として復刻されることになった。この復刻をだれよりも喜んでいるのはコッター自身である。

できるだけ原書に忠実に、かつ正確な新訳で装いを新たにして、本書が世に問われること、しかもこのタイミングで再上梓されることは次の点で大変意義深い。第一に、ほかならぬ日本の経営について、創業型でありながら大企業にまで育て上げる過程で、創業者自身も成長したというメイン・テーマは、いつになっても新鮮だからだ。しかもコッターは、この偉大な経営者を最初から偉大だったと言うのではない。ふつうの人が苦境を経て、それをバネにして、社員からも社会からも尊敬され、影響力を与える人物になった。人間の成長という前向きなテーマが読者を元気づける。また、アメリカの経営学者だから書けるような率直な記述は公平さの点でむしろ好感を持てよう。

第二に、優れた企業にも必ずアップダウンがあるからだ。ＩＢＭ、松下電器産業でさえ、近年危機に見舞われた。それゆえ、エクセレント・カンパニーの条件を探るよりも、エクセレント・リーダーのそれを探るほうが読者にとっては有益なのだろうが、学者が理論を求めるあまりその条件を挙げても、どこか抽象的になる。しかし本書は、理論化の力量を十分に兼ね備えた経営学者が、幸之助という特定の人物に焦点を合わせて、浮き沈みのある時代のなかにたゆまぬ成長の姿を具体的に描き、そこから、「苦難がリーダーを強くする」という不朽の教訓を引き出した点に価値がある。

中村革命とも言われる変革型リーダーシップによって、松下電器が厳しい時期を脱したと思ったのも束の間、この会社は、より深刻な危機を経験した。そして今、再び本書が増刷される。コッターによって描かれる教訓は、どのような時代の変遷のなかで生まれたか。自分が大きな節目にある、あるいはそこから脱しつつあると思う人は、その解を本書から探してほしい――表面的でなく、また過度に神格化したものでもなく……。

『幸之助論』は以上について万全を期し、原書の書かれた当時の状況を可能なかぎり調べ二〇〇八年に新訳を上梓した。また、松下電器の歴史的資料にかかわる部分については、長年社史の編纂に携わったプロフェッショナルが再確認をして、資料としての完成度を高めた。くわえて冒頭では、コッターの初期の名著『ザ・ゼネラル・マネジャー』を共訳するなどその全著作になじんでいる立場と、組織行動論をMBAで教え、また、リーダーシップの研究と研修を行う同学の研究者の視点から『幸之助論』の主題と著者コッターについて解説させていただいた。その内容も部分的に改訂を施した。

私自身、日本の多数の経営者や経営トップ、部長や課長レベルのミドル・マネジャーたちから、「一皮むけた経験とその教訓」に関してここ一五年以上耳を傾け、経験から生まれた持論と合わせて、持論のもととなったリーダーシップにまつわる経験を蒐集し、「経験の理論」(theory of experiences) を研究している。そういう立場からも、コッターのアプローチ、考えについて、ぜひこの機会に論じたかった。向学心あふれる読者にとって、理論的なバックグランドを補うことができれば幸いである。本書を読み終えて、あるいは今後本書を読み返す時、何かを感じた読者に冒頭の解説が役立てば幸いである。

二〇一四年六月

金井　壽宏

『商売心得帖』PHP研究所、1973年
『かえりみて明日を思う』PHP研究所、1973年
『経営心得帖』PHP研究所、1974年
『社員稼業』PHP研究所、1974年
『松下幸之助実語録』潮出版社、1974年
『人間を考える 第一巻』PHP研究所、1975年
『道は無限にある』PHP研究所、1975年
『若い君たちに伝えたい』講談社、1975年
『危機日本への私の訴え』PHP研究所、1975年
『指導者の条件』PHP研究所、1975年
『素直な心になるために』PHP研究所、1976年
『経済談義』PHP研究所、1976年
『21世紀の日本』PHP研究所、1977年
『わが経営を語る』PHP研究所、1977年
『政治を見直そう』PHP研究所、1977年
『人事万華鏡』PHP研究所、1977年
『続・PHP 道をひらく』PHP研究所、1978年
『日本はよみがえるか』PHP研究所、1978年
『決断の経営』PHP研究所、1979年
『人を活かす経営』PHP研究所、1979年
『経営のコツここなりと気づいた価値は百万両』PHP研究所、1980年
『人間を考える 第二巻 日本と日本人について』PHP研究所、1982年
『松下幸之助 経営語録』PHP研究所、1983年
『縁、この不思議なるもの』PHP研究所、1993年（1983年発行『折々の記』を改題、文庫化）
『人間としての成功』PHP研究所、1989年
『人生談義』PHP研究所、1990年
『松下幸之助発言集』全45巻、PHP研究所、1991～93年

MIT Press, 1968.
William D. Wray ed., *Managing Industrial Enterprise: Case from Japan's Prewar Experience*, Harvard University Press, 1989.
Toshihiko Yamashita, *The Panasonic Way*, Kodansha International, U. S., 1989.

■著者およびスタッフがインタビューを行った主な関係者（50音順、敬称略）

新井正明／石田英男／牛尾治朗／江口克彦／岡本康雄／加護野忠男／後藤清一／下村満子／新屋純之輔／関本しずえ／高橋誠之助／田村孫兵衛／辻本豊／土屋守章／土井智生／中川懐春／中島悟史／錦茂男／秦野和夫／松下正治／六笠正弘／山下俊彦／由井常彦／横尾定美／吉田時雄／複数の松下電器産業元・現役員

■松下幸之助著作一覧（発行年順）＊主要参考文献に掲出したもの、外国語版、対談等は除く

『PHPのことば』PHP研究所、1953年
『仕事の夢 暮しの夢』PHP研究所、1984年（旧版は実業之日本社、1960年）
『経営の価値 人生の妙味』PHP研究所、1986年（旧版は実業之日本社、1963年）
『繁栄のための考え方』PHP研究所、1986年（旧版は実業之日本社、1964年）
『なぜ』文藝春秋、1965年
『PHP 道をひらく』PHP研究所、1968年
『一日本人としての私のねがい』PHP研究所、1986年（初版は実業之日本社、1968年）
『PHP 思うまま』PHP研究所、1971年
『その心意気やよし』PHP研究所、1973年
『人間を考える』PHP研究所、1972年

Michael A. Cusumano, Yiorgos Mylonadis, Richard S. Rosenbloom, "Strategic Maneuvering and Mass-Market Dynamics: The Triumph of VHS over Beta," *The Business History Review*, Vol. 66, Spring, 1992.

Lesley Downer, *The Brothers: The Hidden World of Japan's Richest Family*, Random House, 1994.

Sidney Fine, *Sit Down: The General Motors Strike of 1936-37*, University of Michigan Press, 1969.

Victor E. Frankez, *Man's Search for Meaning*, Touchstone Books, 1984.

Rowland Gould, *The Matsushita Phenomenon*, ダイヤモンド社、1970年

John P. Kotter, *The New Rules: How to succeed in Today's Post-Corporate World*, Free Press, 1995.

Nick Lyons, *The Sony Vision*, Crown, 1976.

Byron K. Marshall, *Capitalism and Nationalism in Prewar Japan: The Ideology of the Business Elite 1868-1941*, Stanford University Press, 1967.

Morgan W. McCall, Jr., Michael M. Lombardo and Ann M. Morison, *The Lesson of Experienc: How Successful Executives Develop on the Job*, Lexington Books, 1988.

W. Scott Morton, *Japan: Its History and Culture*, McGraw-Hill, 1984.

The PHP Group, PHP研究所, 1994.

Taichi Sakaiya, *What is Japan ?: Contradictions and Transformations*, Kodansha International, 1993.

Tetsuo Sakiya, *Honda Motor: The Men, the Management, the Machines*, Kodansha International, 1982.

Time, February 23, 1962.

Toyota: A History of the First 50 Years, トヨタ自動車、1988年

Yukiyasu Togo and William Wartman, *Against All Odds: The Story of the Toyota Motor Corporation and the Family that Created It*, St. Martin's Press, 1993.

Michael Yoshino, *Japan's Managerial System: Tradition and Innovation*,

松本邦次『松下電器の女子社員教育』ダイヤモンド社、1982年
御園生等『日本の独占』至誠堂、1960年
ダグラス・マグレガー『企業の人間的側面』産能大学出版部、1970年
盛田昭夫『Made in Japan』朝日新聞社、1990年
二宮欣也『松下とソニー』講談社、1968年
野田一夫『松下幸之助』実業之日本社、1968年
小川守正『実践 経営学』PHP研究所、1990年
岡本康雄『日立と松下』上・下、中央公論社、1979年
トム・ピーターズ、R. H. ウォーターマン『エクセレント・カンパニー』講談社、1983年（新版は英知出版、2003年）
プレジデント編『松下幸之助の研究』プレジデント社、1980年
『プレジデント』1973年7月号
桜井誠『米 その政策と運動』上巻、農山漁村文化協会、1989年
アルフレッド P. スローン『GMとともに』ダイヤモンド社
『社史　住友電機工業株式会社』住友電機工業、1961年
高橋荒太郎『語り継ぐ松下経営』PHP研究所、1983年
ノール M. ティシ、ストラトフォード・シャーマン『ジャック・ウェルチのGE革命』東洋経済新報社、1994年
和歌山県政史編纂委員会編『和歌山県政史 第一巻』和歌山県、1967年
サムエル・ウルマン『青春とは、心の若さである』角川書店、2003年
G. C. Allen, *Japan's Economic Expansion*, Oxford University Press, 1965.
Richard E. Boyatzis, Scott S. Cowen and David A. Kolb, *Innovation in Professional Education: Steps on a Journey from Teaching to Learning*, Jossey-Bass, 1994.
R. H. P. Mason and J. G. Caiger, *A History of Japan*, Tuttle Publishing, 1972.
Alfred D. Chandler, *Strategy and Structure: chapters in the history of the industrial enterprise*, MIT Press, 1962.
Jeffrey Cruikshank, *Matsushita*, HBS Bulletin, 1983.

『新国土創成論』PHP研究所、1976年
Japan at the Brink, Kodansha International, 1976.
『松下幸之助「根源」を語る』下村満子、ダイヤモンド社、1981年
『松下政経塾 塾長講話録』松下政経塾編、PHP研究所、1981年
『明日をひらく経営』田川五郎、読売新聞社、1982年
『松下幸之助「経営の真髄を語る」』名和太郎、国際商業出版、1983年
Not for Bread Alone: A Business Ethos, A Management Ethic, PHP研究所、1984年
Quest for Prosperity, PHP研究所、1988年
『夢を育てる』日本経済新聞社、1989年
『松下幸之助発言集 4』PHP総合研究所研究本部「松下幸之助発言集」編纂室編、PHP研究所、1991年
『松下幸之助発言集 16』PHP総合研究所研究本部「松下幸之助発言集」編纂室編、PHP研究所、1991年
My Management Philosophy, PHP研究所, 1988.(『実践経営哲学』)
A Piece of the Action, PHP研究所, 1993.(『社員心得帖』と『人生心得帖』の合冊)

●その他

遊津孟監修『松下幸之助の人づかいの真髄』日本実業出版社、1977年
江口克彦『心はいつもここにある』PHP研究所、1990年
福田兼治『井植歳男の事業と人生』日本実業出版社、1969年
『五代五兵衛伝』五代五兵衛頌徳会発行、1937年
秦野南嶽『和佐五千年史』私家版、1966年
林辰彦『実録・井植学校』ダイヤモンドセールス編集企画、1985年
石山四郎『命知の国際経営』学習研究社、1981年
国土庁編『国土利用白書 昭和57年版』大蔵省印刷局、1982年
ジョン P. コッター、ジェイムズ L. ヘスケット『企業文化が高業績を生む』ダイヤモンド社、1994年
真島弘『松下電器の事業部制』日本実業出版社、1978年

■主要参考文献

●松下社史関係（すべて非売品）
『創業三十五年史』松下電器産業、1953年
『創業三十五年史・追補』松下電器産業、1955年
『社史資料』No.1～15、松下電器産業、1961～66年
『松下電器五十年の略史』松下電器産業、1968年
『松下電工50年史』松下電工、1968年
『社史 松下電器 激動の十年 昭和43年～昭和52年』松下電器産業、1978年
『目で見る松下電器の10年史 昭和43年～昭和52年』松下電器産業、1978年
『松下電工60年史』松下電工、1978年
『松下通信20年の歩み』松下通信工業、1978年
『松下通信25年の歩み』松下通信工業、1983年
『松下電器貿易50年のあゆみ 家電貿易のパイオニアをめざして』松下電器貿易、1985年
『松下電器宣伝70年史』松下電器産業、1988年
『松下冷機五十年の歩み』松下冷機、1989年
『松下電工Ａ＆Ｉ物語』松下電工、1993年
『日に新た――松下電器75年の歩み』松下電器産業、1994年
●松下幸之助著書、発言・聞き書き集　＊これ以外は、著作一覧を参照
『物の見方 考え方』実業之日本社、1963年
『若さに贈る』講談社、1966年
『私の行き方 考え方』実業之日本社、1968年
『崩れゆく日本をどう救うか』PHP研究所、1974年
『求〈松下経営回想録〉』石山四郎・小柳道男共編、ダイヤモンドタイム社、1974年（新版『松下幸之助経営回想録』プレジデント社）
『道は明日に』毎日新聞社、1974年

［著者］
ジョン P. コッター（John P. Kotter）
ハーバード・ビジネススクール松下幸之助記念講座名誉教授。リーダーシップ論を担当。1980年、当時としては史上最年少の33歳でハーバード大学の正教授に就任。主な著作に、*The General Managers*, 1982（邦訳『ザ・ゼネラル・マネジャー』ダイヤモンド社 ＊絶版）、*Power and Influence*, 1985（邦訳『パワーと影響力』ダイヤモンド社 ＊絶版）、*The Leadership Factor*, 1988（未訳）、*A Force for Change*, 1990（邦訳『変革するリーダーシップ』ダイヤモンド社 ＊絶版）がある。*John P. Kotter on What Leaders Really Do*, 1999（邦訳『リーダーシップ論』ダイヤモンド社）と*Leading Change*, 1996（邦訳『21世紀の経営リーダーシップ』、2002年に改題され『企業変革力』日経ＢＰ社）は現在世界的なベストセラー。

［監訳者］
金井壽宏（Toshihiro Kanai）
立命館大学食マネジメント学部教授、神戸大学名誉教授。1978年京都大学教育学部卒業。80年神戸大学大学院経営学研究科博士前期課程、およびマサチューセッツ工科大学博士課程修了。神戸大学経営学部教授を経て、99年より現職。専門は経営管理・経営行動科学。著書に『変革ミドルの探求』（白桃書房、1991年）、『創造するミドル』（有斐閣、1994年）、『経営組織』（日経文庫、1999年）、『リーダーシップ入門』（日本経済新聞社、2005年）、『働くみんなのモチベーション論』（NTT出版ライブラリーレゾナント、2006年）など多数。

［訳者］
高橋啓（Kei Takahashi）
翻訳家。早稲田大学文学部卒業。訳書にパスカル・キャニール『ヴュルテンベルクのサロン』（早川書房、1993年）、アレクサンドル・ジャルダン『ぼくの小さな野蛮人』（新潮社、1995年）、マルコム・グラッドウェル『ティッピング・ポイント』（飛鳥新社、2000年）、フィリップ・クローデル『リンさんの小さな子』（みすず書房、2005年）、ニコラ・ブーヴィエ『ブーヴィエの世界』（みすず書房、2007年）など多数。

幸之助論――「経営の神様」松下幸之助の物語

2008年４月３日　第１刷発行
2024年10月18日　第13刷発行

著　者――ジョン P. コッター
監訳者――金井壽宏
訳　者――高橋啓
発行所――ダイヤモンド社
〒150-8409　東京都渋谷区神宮前6-12-17
https://www.diamond.co.jp/
電話／03·5778·7228（編集）　03·5778·7240（販売）
装丁――――デザインワークショップ・ジン
編集協力――佐藤まり
製作進行――ダイヤモンド・グラフィック社
印刷――――勇進印刷（本文）・新藤慶昌堂（カバー）
製本――――ブックアート
編集担当――榎本佐智子

ISBN 978-4-478-00312-1